POLARIS

Micky Beisenherz

... und zur Apokalypse gibt es Filterkaffee

Dinge, von denen ich nichts verstehe, über die ich aber trotzdem schreibe

Rowohlt Polaris

Ein Teil der im Buch veröffentlichten
Kolumnen sind bereits im *Stern* erschienen.

Originalausgabe
Veröffentlicht im Rowohlt Taschenbuch Verlag,
Reinbek bei Hamburg, März 2019
Copyright © 2019 by Rowohlt Verlag GmbH,
Reinbek bei Hamburg
Umschlaggestaltung zero-media.net, München
Umschlagfoto und Autorenfoto auf der Klappe Jens Boldt
Innengestaltung Daniel Sauthoff
Satz Greta Text Regular (InDesign) bei
Pinkuin Satz und Datentechnik, Berlin
Druck und Bindung CPI books GmbH, Leck, Germany
ISBN 978 3 499 63429 1

Für Omma

Inhalt

Vorwort   Seite 9

Gästebuch   Seite 13

Es werde Licht   Seite 16

Vapiano   Seite 22

Prost von Beisi: Lieber Carsten Maschmeyer   Seite 26

Mit 11   Seite 31

Mala Hierba Superfood   Seite 38

MJ, Tyler-Miguel und Iron Maik   Seite 42

Perlen der Vorabendunterhaltung   Seite 46

Wohin mit mir?   Seite 49

Shit Marketing   Seite 52

Der Minister   Seite 55

Dumm gelaufen   Seite 62

Highway to Helau   Seite 68

Mama   Seite 74

Die Pannemann Papers   Seite 80

Kein Champagner mehr auf der mittleren Ebene –
    die Berlinale von innen   Seite 87

Das Leben – ein Scheiterhaufen   Seite 95

Chantré – die Reklamation   Seite 98

Die City Cobra vom Gänsemarkt   Seite 101

Die Moral-Schufa – die Yelp-Nation China   Seite 105

Prost von Beisi: Lieber Bär Läsker   Seite 112

Sylt – die bipolare Insel   Seite 117

The Walking Dad   Seite 123

111-mal Hochsommer   Seite 131

When will I be famous   Seite 138

Macht Platz! Warum alles verschwinden muss   Seite 142

Die Pannemann Papers Part II   Seite 146

Die Diktatur des Dummen   Seite 154

Ein Kessel Beiges   Seite 158

In Chino Veritas   Seite 161

Mit Arschbombe in den Fettpool   Seite 164

Stadtfest   Seite 167

Zugteilungsstadt Hamm   Seite 170

Von einem, der auszog, permanent umzuziehen   Seite 173

Tatort Wohnzimmer   Seite 179

Für Omma   Seite 182

Ich steige ab   Seite 188

Liebe Affen   Seite 192

Eines Menschen Herz   Seite 198

Verwechslungen   Seite 204

Tätowierungen   Seite 208

Zoo House   Seite 212

Sag zum Abschied leise Cheese   Seite 218

Prost von Beisi: Liebe Andrea Nahles   Seite 221

Nichts wie raus aus dem Baumelhaus –
   Umzug Teil 2   Seite 225

Helm-Beisi Kult Promi Original!   Seite 240

Je suis moi   Seite 245

4 gewinnt   Seite 249

Weihnachtsmarkt   Seite 258

Driving Home für Castrop   Seite 265

Heiligabend   Seite 271

Das ist doch das Letzte   Seite 278

Ich will ehrlich zu Ihnen sein.

Das ist jetzt nicht nur so eine Floskel.

Ein Freund von mir benutzt diesen Satz häufiger.

«Ich will ehrlich zu dir sein.» Genau wie: «Ich meine das jetzt echt ernst.»

Zwei Sätze, zwei Prämissen, die beim Gegenüber den Verdacht erhärten, dass das, was da sonst so kommt, weder besonders ehrlich noch weiter von Belang sein könnte.

Ich wiederum meine es ernst. Und deshalb muss ich sagen: Ich will ehrlich zu Ihnen sein. Ich kann es aber nicht.

Gut, ein wenig Ehrlichkeit können Sie schon von mir erwarten.

Und die kriegen Sie natürlich auch.

Warum dieses Buch aber vermutlich kein Klassiker der Literaturgeschichte werden wird, ist ein Mangel an Skrupellosigkeit.

So viele Dinge, die es zu beschreiben gäbe: die Liebe, den Verlust ebendieser, Familie, Eltern, eigene Schwächen und vor allem die der anderen.

Allein, der Preis wäre zu hoch.

Das Buch, das ich schreiben muss, steckt noch in mir.

Das Buch, das ich schreiben kann, halten Sie in den Händen.

Sicher, ich kann offen und kompromisslos über alles schreiben, was mir in den Sinn kommt, was ich fühle, wie ich die anderen sehe.

Ehrlich währt am längsten, sagt man gern.

Das stimmt aber so auch nicht.

Mag sein, dass Lügen kurze Beine haben.

Diese tragen einen aber durch das gesamte Leben, bringen einen überallhin, ja, sie sind das Schmieröl im Getriebe des gesellschaftlichen Motors.

«Nein, das sieht toll aus», «Ach was, das macht mir nix aus», «Ey, das hätte mir auch passieren können.»

Ehrlichkeit mag am längsten währen.

Vielleicht kommt einem dieses «lange währen» nur deshalb so lang vor, weil man verdammt einsam ist.

Denn zu viel Ehrlichkeit macht eben genau das:

Einsam.

Sicher wäre es schön, ein vielgefeierter Autor zu sein, so wie ein Karl Ove Knausgård, der detailliert so ziemlich jeden aus seinem persönlichen Umfeld seziert und vor einem Millionenpublikum ausstellt.

Das hat den Mann zu einem gefeierten Star der Literatur gemacht – zum Feiern war aber schon niemand mehr da.

Sie werden womöglich gar nicht wissen, wovon ich hier schreibe, wenn Sie die folgenden Seiten lesen. Zu schonungslos springe ich mit Personen der Öffentlichkeit, der Nichtöffentlichkeit und vor allem auch mir selber um. Und doch habe ich immer wieder Beißhemmung verspürt, Namen geändert, Beobachtungen tief in die Sickergrube meines Herzens hinabsinken lassen.

Deshalb ist es bestimmt kein mutloses Buch.

Aber dennoch ein denkbar höfliches.

Es ist schön, für die Kunst die Hosen runterzulassen – es sollten allerdings die eigenen sein.

Herausgekommen ist eine Kollektion von alten und neuen Texten, die dennoch stellenweise recht unterhaltsam ist, finde ich.

Manchmal sogar gar nicht so dumm.

Und manches liest sich im Abgleich mit der vorangeschrittenen Realität fast noch lustiger, als es zu dem Zeitpunkt war, als es sich auf Aktuelles bezog.

SELBSTBILDNIS

Da wir gerade über heruntergelassene Hosen reden:

Ich bin Ihnen nicht böse, wenn Sie dieses Buch auf dem Klo lesen.

Ich würde es nicht anders machen.

Dann sollten Sie es danach aber nicht mehr verschenken.

Viel Spaß!

Gästebuch

Der Koalitionsvertrag ist bekanntermaßen noch so weit von einer Unterschrift entfernt wie Dieter Bohlen vom Grammy.

Und trotzdem hatten die Sondierungsversager, dieser Scheiterhaufen, die Gelegenheit, Sinnstiftendes zu Papier zu bringen.

Schließlich freuen sich Hotels immer über geistreiche Einträge in die eigenen Poesiealben. Wenn schon nicht Geschichts-, dann wenigstens Gästebuch.

So was wie «Die Damen an der Hotelbar waren sperrig, aber die Bratkartoffeln waren super, Ihr Alexander Dobrindt» oder «Ich mag ihr vollverspiegeltes Badezimmer. HDGDL, Christian Lindner».

Es tut einfach gut, nicht nur willkommen zu sein, sondern auch zu wissen, dass die Herberge den Aufenthalt festgehalten wissen will.

Balsam für die Seele von Kommissardarstellern oder TV-Ärzten, die sich mit ein bisschen Glück zwischen Ai Weiwei und Salman Rushdie wiederfinden und bis auf weiteres von diesem Bedeutungsschub nicht mehr erholen.

Ähnlich wie beim Buffetgang sollte man allerdings bedenken, sich nicht zu häufig einzutragen. Das wirkt sehr schnell bedürftig. So weiß ich von guten Hotels, die das Problem haben, dass sich einige Gäste gerne jedes Mal verewigen und die kostbaren Seiten mit abgehangenen Witzen auf Schülerzeitungsniveau herunterkritzeln.

Für solche haben die Hotels bereits extra ein Zweit-Buch angelegt, an dem die sich abarbeiten können.

Wenn die Wichtigen anreisen, wird dann schnell das richtige Papier ausgelegt.

Sollten Sie mal in die Situation geraten, an der Rezeption zum Stift greifen zu müssen, sind zwei Dinge wichtig:

1. Inspiration. Bedenken Sie, dass die Nachwelt Ihre geistigen Ergüsse im Zweifel lesen wird. Irgendwem ist immer mal langweilig. Oft bieten Hotelfrühstücksräume oder carpediemige Mottotapeten fast konfuzianische Schätze. Und irgendein Mist aus «Der kleine Prinz» geht immer. Man sieht nur mit den Augen gut.

2. Handschrift. Vor dem Eintrag unbedingt fünf Minuten Schönschrift üben! Durch die grassierende Smartphoneritis haben wir alle verlernt, ordentlich zu schreiben. Sie wollen ja nicht, dass man sie für jemanden hält, den man nach 13 Jahren aus dem venezolanischen Busch gezogen hat. Oder für Pietro Lombardi.

Übrigens sind es nicht nur Herbergen, die Gästebücher auslegen. So hörte ich gerade von einem ominösen McDonald's, nahe der A9 zwischen Nürnberg und München, der ebenfalls über ein geheimes Gästebuch verfügt, in das sich sogar schon Ernst August von Hannover eingetragen hat.

Vor Jahrhunderten war es wohl üblich, dass die Adeligen sich beim Kutschwechsel in das Gästebuch der jeweiligen Herberge eingetragen hatten, und, nun ja, an dieser Stelle ist eben jetzt ein Burgerladen, und Adel fühlt sich verpflichtet.

Sehen wir es positiv: Ernst August hat sich woanders schon ganz anders verewigt.

Da bahnt sich ein neuer Trend an: Man entert kurz die Lobby eines fünfsternigen Fremd-Hotels, um sich am vielbeschäftigten Concierge vorbei dreist ins Gästebuch einzutragen.

Auf dass die nachkommenden Gäste der noblen Herberge einen dort als regelmäßigen, gerngesehenen Besucher ausmachen.

Das erspart einem im Zweifel sogar ein teures Auto als Statussymbol.

Es ist ja nicht nur, dass der Mensch ungern vergeht und deshalb sein Revier auf Toilettentüren, Stromkästen oder Facebookseiten markiert – Gästebücher sind ein wunderbarer Akt der Prahlerei, der für beide Seiten gewinnbringend ist: Das Hotel kann sich mit dem berühmten Gast rühmen, während der berühmte Gast selbst in Zeiten finanziellen Abschwungs so auf Papier verewigt ist, dass man ihm gern attestiert, er würde hier regelmäßig verkehren.

So wie ich das im *Stern* mache. Alle zwei Wochen.

Es werde Licht

«In der Tat.»
(Dr. Klenk)

Mit Allibert hat die ganze Scheiße überhaupt erst angefangen.

Dieser teuflische Badezimmerspiegelschrank ist meines Wissens nach der erste, der es möglich gemacht hat, sich morgens ansehen zu können, was auf dem Hinterkopf passiert.

Das hätte ich nicht tun sollen.

Wie damals, als ich durch das frisch restaurierte Dessau spaziert bin und den Fehler gemacht habe, abseits der schicken Hauptstraßenfassaden hinten durch Nebenstraßen und Hinterhöfe zu gehen.

Himmel, was ist denn da passiert?

War ich immer besorgt, darauf zu achten, was oberhalb der Stirn zur Neige geht, habe ich die wahre Krisenregion sträflich vernachlässigt.

Auf dem Hinterkopf wird es dünn wie Tütensuppe, und das ist weniger witzig, als ich es hier darzustellen versuche.

Die Nasszelle kommt von meinen Tränen.

Dass die Geheimratsecken langsam regelrechte Geheimrats*viertel* in bester Lage werden, das ist ein langsamer, aber zumindest seit Jahren vertrauter Prozess.

In welch rasender Geschwindigkeit jedoch das Haupthaar die Sicht auf den Hinterkopf freigibt, ist dramatisch.

Das war doch vor ein paar Monaten noch nicht so!

Blitzrodung.

Mir wächst ein Ei aus dem Nest, so wie früher die Beulen der Agenten in den «Clever & Smart»-Comics.

Als junger Teenager habe ich meinen Vater gern amüsiert dabei beobachtet, wie er sich nach dem Duschen den Kopf mit dem Handtuch nicht mehr trockengerubbelt, sondern lediglich ängstlich-getupft hatte.

Jetzt komme ich langsam dahinter, warum er das tat.

Überflüssig zu erwähnen, dass mir seine eigene Frisurentwicklung ebenfalls wenig Anlass zur Hoffnung bietet.

Ich leide. Ich leide wirklich.

Und fummle unwürdig am Hinterkopf herum, um dieses Elendsviertel einigermaßen zu kaschieren.

Außerdem entwickle ich gerade einen Tick. Andauernd fasse ich mir an die Kopfspitze, um zu fühlen, ob da noch Haare sind oder die auch schon die Wanderung Richtung Schultern antreten.

(Auch so ein Thema. Diese absurde, schleichende Umverteilung.)

Wieder einmal kommt der Umstand zum Tragen, dass ich gerade mal knapp 1 Meter 80 messe. Wäre ich, sagen wir mal, komfortable 1 Meter 98 groß, würde der haarige Missstand auf Jahre hinweg von den meisten unbemerkt.

Man könnte mir schlicht nicht auf die flusige Oberschale gucken.

Pokémon spiele ich nur deshalb nicht, um nicht ständig in Fußgängerzonen und Szenevierteln den Leuten meinen geneigten Kopf zu präsentieren.

Es ist ja nicht so, als ob mir das Alter zusetzen würde. Die Falten sind völlig okay (na ja, fast, die Stirn sieht halt aus wie ein Wellblechdach).

Die Haare dürfen gerne grau werden. Hauptsache, sie bleiben.

Tun sie aber nicht. Mein Körper ist das sinkende Schiff – und auf dem Oberdeck sind die Ratten. Die feigen Vorboten des Verfalls.

Als Mann hat man sich in der Regel mit Mitte 30 für eine Frisur entschieden – und bleibt dabei. Es sei denn natürlich, der Tonsurbereich epiliert sich selbst.

Mein Körper arbeitet gegen meine Schönheit. Zwangstypveränderung.

Als würde man dich zwingen, ab sofort immer einen wild gemusterten Strickpulli zu tragen, so wie Bill Cosby.

Wobei ich dann noch ganz andere Probleme hätte.

Ich will das einfach nicht.

Mir ist schon klar, dass andere Leute ganz andere Sorgen haben – aber der Mensch empfindet das Elend nun einmal immer im Rahmen seiner Möglichkeiten.

Tonsur und Tortur sind nicht nur phonetisch Verwandte.

Micky, der coole Hipster, ist tot.

Kranzniederlegung ist direkt auf dem Haupt des gefallenen Modehelden.

Wie viele Wochen bleiben mir noch, bis ich den Helikopter-Landeplatz zwischen dem Haupthaar mit Sonnenmilch eincreme, um mir nicht den Nordpol zu verbrennen?

Wann kann ich mir zum ersten Mal den doofen Witz anhören: «Mensch, Micky. Du hast doch so schöne Haare – warum lässt du da Fleisch drüber wachsen?»

Was mache ich denn jetzt?

Ich könnte Manns genug sein, mich klaglos in mein Schicksal zu fügen.

Von wegen männliche Natürlichkeit und so.

Allerdings nur, wenn Komparsen für «Der Name der Rose Teil 2» gebraucht werden.

Außerdem habe ich mal live miterlebt, wie Frauen neben mir einen bekannten deutschen Schauspieler angeschmachtet haben.

Zumindest so lange, bis er sich umgedreht hat.

Das blanke Hinterteil war ihnen bereits vertraut und stets Garant für spontane Hormonschübe.

Das über der Gürtellinie allerdings ist wie Löschschaum für Ekstase.

Die Entzückung der Damen kühlte binnen weniger Follikel runter auf Günter-Verheugen-Niveau.

Was tun?

Einen Sombrero kaufen und allen Freunden und Bekannten erzählen, ich hätte gerade Los Wochos? So für die nächsten 30, 40 Jahre.

So eine Kippa verdeckt auch ganz würdevoll. Aber deswegen gleich zum Judentum konvertieren? Ich habe ja nicht mal genügend Teller im Haus.

Streuhaar ist eine Option.

Wird gerne von Kosmetikerinnen benutzt, um ... Sie können es sich denken.

Ein bekannter Showmensch hat es fertiggebracht, sich die durchschimmernde Kopfhaut unter dem grobmaschigen schwarzen Schopf von einer Maskenbildnerin mit Edding anmalen zu lassen.

Was so lange gut funktionierte, bis er auf der After-Show-Party wild zu tanzen anfing und ihm, stark schwitzend, die schwarze Soße links und rechts am Schädel hinablief.

Würde sollte mehr sein als ein Konjunktiv.

Auch deshalb wird man mich wohl nie mit einem Toupet erleben.

Wenngleich man mit einem toten Hamster auf dem Schädel ja sogar Chancen hat, amerikanischer Präsident zu werden.

Rasurglatze wäre eine Option. Für Menschen wie Bruce Willis oder Jason Statham funktioniert das. Dummerweise besteht mein Kopf zu 80 Prozent aus Ohr.

Ich sähe aus wie die ISS.

Ist also auch nix.

Dass ich überhaupt in der Lage bin, diesen #Hairxit so munter zu beschreiben, hat damit zu tun, dass es Hoffnung gibt.

Medizinischer Natur.

Zum einen rede ich mir ein, das Ganze sei stressbedingter Lochfraß.

Ich hatte schon ruhigere Wochen – und es ging wirklich SEHR schnell.

Zum anderen gibt es natürlich verschreibungspflichtige Tabletten.

Auch eine Option.

Ich werde wohl den Weg gehen, den schon Jürgen Klopp, Benedikt Höwedes oder Christian Lindner beschritten haben.

Follikelspende.

Ein Licht gegen das Lichte.

Von Freunden weiß ich, dass der Kopf Tage nach der Haartransplantation geschwollen ist wie der von Axel Schulz nach dem Kampf gegen ... ja, eigentlich nach jedem Kampf.

Die Fotos sahen wirklich aus, als hätten sie in der russischen Provinz für die Rechte von Homosexuellen demonstriert. Gruselig.

Die OP kostet auch so viel wie ein gebrauchter Kleinwagen.

Dafür ist das Ergebnis würdevoller als alles, was die Natur für mich bereithält.

In Köln gibt es eine interessante Klinik auf dem Clevischen Ring.

Mit einem sehr verheißungsvollen Namen, wenn es um die sorgfältige Betreuung des eigenen Körpers geht: «McAesthetics».

Ich meine, wenn es darum geht, sich unters Skalpell zu legen, da gehe ich doch auf jeden Fall dahin, wo es nach Akribie und Hochqualifizierung riecht, oder?

Wo man sich noch richtig Zeit nimmt.

Muss ich am Ende tatsächlich nach Düsseldorf?

Verdammt noch mal – ich will nicht aussehen wie mein eigenes Klassentreffen.

Sollte so eine OP ruchbar werden, hätte ich lediglich den öffentlichen Spott der Leute zu ertragen.

Aber ich bin ja nicht so bescheuert, irgendwem von meinen Plänen zu erzählen.

Und morgen hänge ich erst mal den Allibert ab.

Vapiano

Stellen Sie sich vor, Sie müssten essen gehen mit einer Gruppe Menschen. Und die Vorstellung, das tun zu müssen, ist Ihnen so sympathisch, wie den Hinterausgang vom Frankfurter Hauptbahnhof zu reinigen – mit der Zunge. Verwandte, zum Beispiel.

Kleiner Tipp: Gehen Sie doch ins Vapiano!

Mit ein wenig Glück kommen Sie dort nie in die Verlegenheit, mit allen gleichzeitig am Tisch sitzen zu müssen. Zumal von sitzen erst einmal gar keine Rede sein kann.

Die Nahrungsbeschaffung nimmt einen Gutteil der Verweildauer dort ein.

Die pseudomediterrane Sättigungsfabrik ist schon seit einiger Zeit sehr beliebt bei Menschen, die sich zu fein für McDonald's, aber zu geizig für anständige Restaurants sind. Vermutlich, weil viele Essen weniger als Zelebration denn als reine Nahrungsaufnahme begreifen, ist die Kette gerade hierzulande sehr beliebt.

Möglicherweise auch deshalb, weil der Deutsche Anstehen als Ausgleichssport begreift. Und Anstehen kann man bei Vapiano reichlich.

Mit einem Blick, so leer wie das Tablett in den Händen. Gut, andere ritzen sich.

Will man beispielsweise einen Salat, stellt man sich an. Fällt einem dann ein, dass man auch noch eine Pizza mag, stellt man sich in die nächste Schlange. Und überkommt einen dann noch die

Lust auf einen Cappuccino, geht es mit dem Tablett an die nächste Theke. Man verbringt mehr Zeit mit Tablettschleppen als Schauspielerinnen in Berlin-Mitte.

Das Publikum in der Pastavorhölle kann eigentlich nur aus Menschen bestehen, die lange bei einer Versicherung gearbeitet haben und stockholmsyndromartig nicht mehr von dem Industriekantinenfeeling loskommen.

Würde man einem Franzosen von seinen Erfahrungen in diesem Laden berichten, er würde sich vermutlich entsetzt kulikazemäßig das Brioche in die Luftröhre rammen.

Essen muss ja nicht zwingend gleich bedeuten, dass man sich von einem Albaner, der einen italienischen Akzent imitiert, alle Gerichte von einer Tafel inklusive Garzeiten und medizinischer Daten des Kochs runterbeten lässt, während eine blonde Sopranistin zwischen den bekerzten Tischen langflaniert und die Burrata weichjallert.

Aber Essen bedeutet sicher nicht, dass in einer Fünferrunde alle naselang einer wie Dr. Noodles aufspringt, weil der hauseigene Beeper auf dem Tisch ihm brummend bedeutet, dass seine Pizza fertig zur Abholung ist.

Schrecklich, wie während einer Unterhaltung alle gebannt auf ihre Beeper gucken. Man kommt ja kaum noch dazu, aufs iPhone zu starren.

Richtig gut war die Blendkantine eigentlich nur einmal: Als Dortmunds Keeper Roman Weidenfeller beim Nudelgang an den Falschen geriet und zwischen drei Ohrlaschen mit dem Kopf im Basilikumgestrüpp auf dem Tisch landete.

Die *Bild* titelte damals «BVB-Torhüter bei Edel-Italiener angegriffen» – das fand ich schon wieder amüsant. EDEL-Italiener. Gut, die lassen ja auch Franz Josef Wagner täglich seinen verbalen Katheterbeutel auf Seite 2 ausleeren.

Von drei Angriffen konnte Weidenfeller übrigens nur zwei abwehren. Und auch keinen festhalten.

Das war dann schon fast Eventgastronomie nach meinem Geschmack.

Dass man als Prominenter bei Vapiano essen geht, kann ich mir eigentlich nur mit akuter Selfieunterdeckung erklären.

Selbstredend gibt es für etwas derartig Steriles wie Vapiano und seine kulinarischen Epigonen auch einen Begriff: Systemgastronomie. System ... Gastronomie.

Das verströmt in etwa so viel Sinnlichkeit wie «Beschlafungsfeinmechanik».

Was im Land von «Bundeskegelbahn», «Befindlichkeitskultur» und «Vergnügungssteuer» auch nicht weiter überraschend ist.

Wenn einem ein übellauniger Spanier (Tautologie) teilnahmslos

den Café con Leche auf den Tisch knallt, DAS ist authentisches mediterranes Gastro-Feeling.

Vapiano ist das Laminat-Imitat, die Jack-Wolfskin-Jacke unter den Restaurants.

Wer das gut findet, legt beim Sex auch 'ne Plane dazwischen.

Prost von Beisi:
Lieber Carsten Maschmeyer

Lieber Carsten Maschmeyer,

ich sage es gleich vorweg:

Als jemand, der über absolut keinen Geschäftssinn verfügt, muss ich sagen:

Ich bewundere Sie.

Sie sind reich, berühmt – und mit einer Frau zusammen, die Ihnen absolut nichts vorspielen kann.

Außerdem ein absoluter Menschenfreund.

Wieso sonst würden Sie regelmäßig bei der «Ein Herz für Kinder»-Gala von der *Bild* am Ende der Veranstaltung noch spontan eine Million drauflegen.

«Komm ... für die Kinder.»

(Da sendet selbst die Black Box in Kerners Empfindungszentrum wieder schwache Signale.)

Sie könnten sich doch wirklich entspannt aus der Öffentlichkeit zurückziehen – oder mal wieder im Partykeller nachschauen, ob die Scorpions und Mirko Slomka noch da sind.

Stattdessen wagen Sie mutig den Schritt nach vorne in die Medien, um den Menschen zu helfen.

Mit Büchern, in denen Sie dem finanztapsigen Pöbel erklären, wie gutes Business funktioniert, oder Fernsehshows, in denen Sie sogenannten Gründern dabei helfen, ihre Ideen zu verwirklichen, und vor windigen Typen in der Geschäftswelt warnen.

Dabei machen Sie es sich nicht leicht.

Deutschland ist die globale Sammelstelle für Missgunst aller Art, und so kramen neidgelbe Säcke regelmäßig alte Videos aus, in denen Sie zu sehen sind, wie Sie als Chef des Finanzdienstleisters AWD Hallen voll mit mercedesbenzgeilen Versicherungsmastinos mit Schwänzetittenpimmelmonologen auf den Klinkenputzblitzkrieg einschwören.

Damals hatten Sie noch einen Schnäuzer.

Dessen Aroma liegt auch heute noch in der Luft.

Wie ein Phantomschmerz.

Wieder andere werden nicht müde, Ihnen zu unterstellen, Sie hätten als Schrottweiler Ihren Reichtum nur anhäufen können, indem Sie Zehntausende Anleger mit dubiosen Finanzprodukten übers Ohr gehauen haben.

Und das auch noch mit Unterstützung des an zweifelhafter Geldvermehrung gänzlich unverdächtigen (Bundeskanzlers) Gerhard Schröder!

Was ist das nur für ein Land.

Schon in der Show «Die Höhle der Löwen» sind Sie ganz unbürokratisch eingesprungen, als mit dem Touristikunternehmer Vural Öger ein Juror ausfiel.

Öger steht im Verdacht, Tausende Menschen um Geld geprellt zu haben.

So einer kann natürlich nicht bleiben.

Als gütig lächelnder Onkel haben Sie keine Miene verzogen, selbst wenn Ihnen die hanebüchensten Ideen präsentiert wurden.

Sie standen mit Rat und Tat zur Seite und gaben Geld, als wäre schon wieder die «Ein Herz für Kinder»-Gala.

Das haben Sie so gut gemacht, dass Sat.1 gesagt hat: «Super Typ, dem geben wir 'ne eigene Show!»

Gut, das haben sie auch schon bei Elmar Hörig gesagt.

Aber das ist eine andere Geschichte.

Als Musterprofi, der sich ganz einer Sache verschreibt, war Ihnen klar, dass ein Chefjuror im Privatfernsehen zunächst einmal entknittert werden muss, damit das Ferrero-Rocher-Papier bügelnde Privatfernsehpublikum sich angesprochen fühlt.

Böse Zungen behaupten, nach Ihrer Vollverbohlung sähen Sie aus wie irgendwas zwischen der Katzenfrau und Fantomas.

Aber solchen Gemeinheiten würde ich hier nie ein Forum bieten.

Bei Sat.1 zog man alle Register, um die Show zu einem Erfolg zu machen.

Eine großangelegte Plakatkampagne.

Vorne drauf ein dynamischer, deutscher Mittfünfziger, die Ärmel vor Tatkraft strotzend hochgekrempelt, ein Pfeil, der nach oben zeigt, rechts daneben – eine echte Alternative für Fernsehdeutschland.

Deutschland sucht den Supergründer.

Mit all den Zutaten, die man für zeitgemäßes Entertainment braucht:

Töffelige Start-upper, mit Ideen, die doof genug sind, um sich als Zuschauer zu Hause besser zu fühlen.

Maschi, der sie alle durchtrumpt.

Und Sidekicks, die gerade noch rechtzeitig reingeschoben wurden, bevor man in der Sat.1-Sendezentrale wegen akuter Untermockridgung Alarm schlägt.

Alles da.

Aber eine Show kannste nicht botoxen.

Nix läuft glatt.

Die Quoten gleiten langsam Richtung Boden wie der Segelflieger von Steve McQueen in «Thomas Crown ist nicht zu fassen».

Manchmal ist Fernsehen wie Finanzdienstleistung: Du butterst Kohle rein – und wenn die Zahlen kommen, isses zum Heulen.

Das hast Du nicht verdient, Maschi!

(Darf ich Maschi sagen?)

Da machst Du freiwillig ein paar Stunden sozialen Hilfsdienst bei Sat.1 – und stehst am Ende so alleine da wie eine Gucci-Filiale in der Gelsenkirchener Fußgängerzone.

Schön, dass einen die alten Kumpels in solchen Zeiten nicht hängenlassen.

Deshalb haben Deine Homies von der *Bild* («Maschi, komm, das kann so nicht bleiben, da bringenwer morgen was drüber, kein Thema») nach Sendung zwei den hämischen Mob aufgeklärt, warum die Zahlen so desaströs ausgefallen sind:

Nicht etwa der Hauptdarsteller, nein, der TON war schuld!

Um das zu belegen, hat man sogar extra den Quotenverlauf, die Kurve, abgedruckt, um zu zeigen, dass die Leute erst weggeschaltet haben, als alles so schlecht zu verstehen war.

Nett von der *Bild*.

So etwas abzudrucken.

Weil, man muss ehrlicherweise sagen: Quotenverläufe in der Zeitung interessieren die Leute in der Regel so wenig wie ...

... eine Gründershow bei Sat.1.

Aber netter Versuch.

Dafür gibt's bei der nächsten «Ein Herz für Kinder»-Gala 'ne Mio extra.

Für die Kinder.

Klar.

Maschi, warum tust Du Dir das nur an?

Dieser ganze Stress.

Und weil die Welt schlecht geworden ist, wird Spott nicht länger als Volkssport an Gemüsetheken oder Kantinenauslagen ausgetragen, sondern in medialen Meinungsdeponien wie Twitter.

Das Game beherrschst Du natürlich.

Andere würden sich verheult in den Schmollwinkel verkriechen, weil alle so gemein sind.

Du nicht.

Im Gegenteil!

Du lädst unter #RoastCM diese Nattern sogar noch via Twitter dazu ein, Dich zu roasten.

Also zu grillen.

Wie ein Wiesenhof-Würstchen. Also stramme Pelle außen, und von innen … man will's gar nicht so genau wissen.

Wo war ich?

Ach ja. Du lädst dazu ein, den gemeinsten Tweet über Dich und deine fehlvertonte Ideenschmiede zu verfassen.

Dem Gewinner winken 10 000 Euro.

Ein Hauch von Haffenloher liegt in der Luft.

Hat da gerade irgendwer «Prinz Marcus von Anhalt» gesagt?

Absurder Vergleich, ich weiß.

Der hat ja lediglich iPads verlost.

Für ein bisschen Zuwendung.

Außerdem hat der ein klares Geschäftsmodell.

Kurze Verständnisfrage:

Wenn man Hunderttausende auffordert, für einen in die Tasten zu tippen – befehligt man dann schon eine Drückerkolonne?

Ach, was weiß ich.

Zehntausend Euro für gerade mal einen läppischen Tweet.

Leichter kann man sein Geld eigentlich nur verdienen, wenn man, wasweißich, Rentnern wertlose Finanzprodukte aufschwatzt.

Zum Beispiel.

Man kann natürlich nur hoffen, dass Du dieses schnelle Geld auch wirklich auszahlst.

Aber wer wärst Du denn, wenn Du so etwas nur leer versprechen würdest?

Oder war das ganze Spiel nur für diejenigen, die die Show geguckt haben?

Dann sollte es ein Abzählreim wohl auch tun.

Alles Gute weiterhin.

Und viel Spaß im Nachtprogramm.

Mit 11

Mein Rücken fühlt sich an wie der eines saudischen Bloggers.

Gerade eben starren mich vier Augenpaare aus über mich gebeugten Körpern an. In der Luft liegt ein unausgesprochenes «Notarzt», aber ich habe mir nichts gebrochen.

Ich will den Schmerz lediglich noch ein bisschen aus mir rausliegen, vorm Erheben von den Wohnzimmerdielen.

Noch aufstehen oder schon auferstehen?

Es ist Ostersonntag, und ich bin seit ein paar Minuten auf Sylt.

Meinen Bruder und seine Familie besuchen. Mit den Kindern und Freunden bewohnen sie ein Haus.

Wie ein Traktor plockert mein Range Rover erhaben vor sich hin.

Das beste Reiseauto. Wenn er denn anspringt.

1984er Baujahr. Armlehnen. Polstersessel. Teppichboden. Seitliche Holzverkleidungen.

Ein rollendes Achtziger-Jahre-Wohnzimmer. Fehlen nur noch Katzenzungen auf der Mittelkonsole und Dénes Törzs, der in seinem cosbyesken Pullover von der Rückbank aus eine neue Folge der Sesamstraße anmoderiert.

Autos, die älter als 30 Jahre alt sind, machen mich sentimental.

Schon lange denke ich darüber nach, mir einen R4 zu kaufen.

Mit so einem hatte meine Mutter mich anno 1980 herumgefahren.

Super Karre. Tödlich. Aber super.

Da. Das Haus. Direkt an der Düne.

In List. Nahe dem «Ellenbogen».

Meinen eigenen habe ich mir fast gebrochen beim Versuch, den Io Hawk meines elfjährigen Neffen zu ... nun ja ... reiten.

Der Io Hawk ist wie ein Segway. Nur ohne lästige Stange. Was das Fahren wesentlich lässiger aussehen lässt.

Es sei denn, man ist: Ich. Mit der Verweildauer eines minderbegabten Rodeoreiters knalle ich auf den Boden. So laut, dass die Kinder aus ihren Zimmern kommen.

Vor Herausgabe des gekauften Gerätes muss man unterschreiben, dass der Hersteller unter keinen Umständen für Personenschäden haftbar gemacht werden darf – man ahnt, warum.

Auf den Schock erst mal Omma anrufen und zu Ostern gratulieren.

iPhone auf Lautsprecher gestellt.

Das Gespräch verrutscht von Sekunde 1 an, als ich mir einen pseudotürkischen Akzent zulege, mich Özbek nenne und meine Großmutter wissen lasse, dass ich – offenbar türkischer! – Flüchtling gleich mit Hund und 12 Verwandten einziehen werde. Das Haus ist ja so schön groß.

Omma schnappt nach Luft. Flüchtlingspanik wie ein destillierter Erfurter Marktplatz. Die Hütte tobt leise.

«Hörnse ma. Ich bin 91 Jahre alt und leb alleine. Ich weiß nicht, watse wollen.»

Clevere Ansage, wenn man Angst vor unerwünschten Eindringlingen hat.

Zumal es nicht mal stimmt. Sie lebt mit vier (!) Generationen unter einem Dach. Aber das hat sie bei dem Stress glatt vergessen.

1 Minute 30 min hält sie durch. Dann legt sie auf und ist für die nächsten fünf Minuten auch nicht mehr zu erreichen.

Meinen erklärenden Ostergruß quittiert sie mit einem liebevollen «Du Arschloch!».

Enkel. Kann ich.

Genau wie lustiger Onkel. Meine Kernkompetenz.

Mein Lieblingsonkel war genauso alt wie ich jetzt, als er starb.

38.

38.

Motorradführerscheinschwangerschaft.

Haartransplantationsphantasien.

Vorsorgeuntersuchungseintrittsalter.

Alter.

Mein Kumpel Basty ist vor ziemlich genau einem Jahr in fast ziemlich genau demselben Alter gestorben.

Roger Cicero hat's mit 45 erwischt.

Risiko- statt WhatsApp-Gruppe.

Eine Kacke ist das. Absurd.

Niemand sollte sterben, bevor der Frühling richtig losgeht.

Der Frühling ist die beste Zeit des Jahres.

Aufbruch. Hoffnung. Das Beste liegt noch vor einem.

Fühlte sich immer schon gut an.

Und Ostern geht es immer ans Meer.

Ich sehe den präpubertären Elfjährigen und erinnere mich daran, wie ich immer mit meinem Onkel Michael, Tante Marlies und meiner Lieblingscousine Karen nach Holland gefahren bin.

Wind. Strand. Pfahlmuschelgeruch in der Luft.

Auf den glatten Steinen unten am Wasser ausrutschen und ins Meer fallen.

Spiel des Wissens spielen, auf dem Wohnzimmerteppich in dem kleinen Ferienhaus in der Nähe von Renesse.

Da, wo wir nur wenige Jahre später besoffen durch die Gegend marodieren werden.

Elf. Das letzte gute Jahr, bevor die ganze Scheiße richtig losgeht.

Noch ist alles leicht.

Bis auf mich selbst.

Ich bin elf Jahre alt, saufe ungelogen drei Liter Milch am Tag und wiege in etwa so viel wie ein ausgewachsener Bernhardiner.

DER POSTER - HASE

Was mich bereits ein Jahr später knutschhügelinkompatibel machen soll, aber noch habe ich vor allem: Musik.

Peter Gabriel. «So». Als Kauf-MC. Ein Erweckungserlebnis.

Während der Fahrt auf der Rückbank des Nissan Sunny «Red Rain» in Dauerschleife. So was Kraftvolles hatte ich bis dahin noch nicht gehört.

Mit dem Walkman auf dem Deich spazieren, «Don't Give up».

Die ersten Takte.

Die Entdeckung der Melancholie.

Abends liege ich unter dem Dach in der Kammer, lese Onkel Toms Hütte und höre «Mercy Street».

Irgendwann dort fange ich an, die Tür abzuschließen.

Und beende somit gleichzeitig ihre Karriere als *Kinder*zimmertür.

Gott, was für Eindrücke im präomnipornösen Masturbationspleistozän alles herhalten mussten. Alles und jeder wurde missbraucht. Sorry.

Gegenwart. Spaziergang. Sonne. Wind. Bier. Wein. Hunger.

Abendessen einkaufen. Bei Gosch fällt dem Kumpel meines Bruders auf, dass er weder Fisch mag noch verträgt.

Bei: Gosch.

Unglücklich.

Nia, die Achtjährige, und ich juckeln mit dem Rover durch die Pampa. Sie tanzt auf dem Beifahrersitz ausgelassen zu meiner Musik.

«Was ist das?»

«‹Starman›. David Bowie.»

«Cool. Aber ich glaube, Papa würde daran keinen Gefallen finden.»

Was übrigens nicht stimmt. Ihrem Papa verdanke ich meine musikalische Früherziehung. Dire Straits. Pink Floyd. Men at Work.

Und natürlich: Phil Collins.

Ich habe gerade eine schwere PhilCollinitis. Die ersten zwei Alben in Dauerschleife.

Nia ist altklug, applausfreudig und wahnsinnig phantasievoll.

Sie kann sich stundenlang mit sich selbst beschäftigen.

Als Kind ist das gut.

Im Grunde genommen ist sie genau wie ich in dem Alter.

Natürlich teilen wir uns ein Zimmer.

Endlich wieder unter einem Holzbalken pennen.

Wir beschließen, dass das Fenster wieder geschlossen wird.

Ich liebe es, den Wind zu hören, der nachts durch die Dünen pfeift, aber Nia hat Angst davor. Und vor Uhus.

Da machste nix.

Sie verspricht mir aber, das Fenster zu öffnen, sobald sie morgens wach ist.

Zum Einschlafen hören wir Hanni & Nanni.

Aber eine von den alten Folgen.

Die neuen haben so eine silbermondige Pseudorockscheiße als Titelmelodie.

Die alten sind der Shit. Mit Hans Paetsch als Erzähler.

Hans Paetsch. Der Märchenonkel.

Was für ein friedliches Einschlafen.

Wieso höre ich mit fast vierzig noch TKKG, die drei ???, Jan Tenner, ALF, Edgar Wallace oder Fünf Freunde?

Ich weiß doch seit Jahrzehnten, wie es ausgeht!

Ich bin doch keine elf mehr.

Geborgenheit im Ritual.

Je komplexer die (eigene) Welt, desto mehr sehnen wir uns nach dem Sound der Jugend, dem Aroma der Kindheit.

Ein akustisches IndenSchoßkriechen.

Morgens. Noch im Halbschlaf merke ich, dass die Kurze direkt nach dem Wachwerden das Fenster öffnet.

Dann macht sie zaghaft Krach, um mich aufzuwecken, bis sie schließlich vorsichtig an meiner Decke raschelt.

So ein tolles, unglaublich soziales Mädchen.

Ein letzter Kaffee. Aufbruch. Abfahrt.

Nach zwei Minuten rödeln und latentem ADAC-Feeling rasselt sich der Range Rover ins Leben zurück.

Autozug.

Der Regen verzieht sich.

Die Sonne bricht durch.

Auf dem iPod das Phil-Collins-Album, das mir mein Bruder 1985 auf eine 90er-Maxell-Kassette überspielt hat.

«I Cannot Believe». Das Saxophon-Solo ab Minute 3:03.

Rund 30 Jahre später immer noch Gänsehaut.

Frühling.

Leben.

Welch ein Glück.

Mala Hierba Superfood

Südamerika ist toll. Das fand schon Opa.

Der ist nicht nur wegen des schönen Wetters da hingezogen.

Nein, auch das Essen ist toll.

Die Acai-Beere, Lúcuma oder Amaranth.

Vertreter des zuletzt so viel gefeierten «Superfood», ohne das im Grunde genommen weder irgendeine Gastronomie, noch der Lidl um die Ecke auskommt.

McDonald's brät jetzt Burger mit Quinoa, und gesünder als das kann es doch eigentlich nicht mehr werden, oder?

Hoffentlich gibt es den Kümmerling demnächst auch mit Matcha-Extrakt.

Der Konsument lebt heutzutage bewusst. Leberwurst ist E10. Acerola ist super!

Man fühlt sich fitter und schöner.

Im Grunde genommen photoshoppt man sich durch den Magen hindurch. Toll!

Spätestens als ein heiserer Geselle an der Tankstellenschlange vor mir beim Zigarettenkauf darauf bestand, «die ohne schädliche Zusatzstoffe» zu bekommen, war mir klar, dass in Sachen Ernährung ein anderer Wind weht.

Wir leben in Zeiten, wo Zutaten hymnisch verehrt oder fast panisch vermieden werden.

So wird in den hippen Metropolen fröhlich ohne Kondom gevögelt, während dir beim Frühstück danach das Weizenbrötchen empört aus der Hand geschlagen wird.

Gluten Morgen.

Wo wir gerade dabei sind: Hast du dir früher eine getindert, musstest du die scheue Kopulationsanbahnung noch aufwendig mit Champagner und Sushi in die Hütte lotsen.

Heute reicht eine reife Avocado im Kühlschrank, und das Objekt der Begierde rennt dir fast die Tür ein.

Manch einem Hyperfraß wird geradezu heidnische Verehrung zuteil.

Verfügt ein Müsli z. B. auch nur über ein Spurenelement von

mexikanischen Chia-Samen, so gibt es im nächstbesten Szenecafé einen Tumult, als würde gerade der Ring von Frodo unter den Gästen ausgelost.

Angefangen hatte dieser Irrsinn, als der drollige Kochyoda Alfons Schuhbeck anfing, einer ganzen Nation seine Ingwerwurzel reinzudrücken – so eine Art Madonna von Lourdes zum Raspeln.

Den Rest kennen Sie.

Ich träume ja davon, sollte ich beim *Stern* nicht mehr meine monatlichen 1,2 Millionen kassieren, mich mit der Einführung einer neuen Trendspeise finanziell gesundzustoßen.

Dabei muss man nicht einmal besonders kreativ sein.

Vermutlich wird es schon reichen, das Zeugs zu nehmen, das Nachbarn am Samstag aus den Waschbetonfugen in ihrer Einfahrt kratzen.

Dem verpasse ich einen klangvollen Namen, am besten spanisch, und klemme den Mist zwischen zwei Vollkornbrotscheiben. Avocadocreme drauf, ein, zwei Walnüsse, und fertig ist die «Mala Hierba»-Superknifte.

Uraufführung des neuen Superfood sollte nach Möglichkeit in Berlin-Mitte sein.

Dem Epizentrum sofortiger kritikloser Trendadaption.

Falls Sie das nicht glauben, sollten Sie sich daran erinnern, dass junge, gutaussehende Männer dort begonnen haben, sich voller Wonne in einen flusigen Wiedergänger des Typen zu verwandeln, der vor dreißig Jahren im WDR-Telekolleg zu sehen war.

Superfood ist ein toller Trend. Es entgiftet uns.

Und sei es nur deshalb, weil der ganze Mist so teuer ist, dass die Kohle am Ende des Tages für Bier und Zigaretten einfach nicht mehr reicht.

Traurig auch, dass sich weite Teile der südamerikanischen Bevölkerung z. B. ihr eigenes Boom-Food nicht mehr leisten können.

Sollen sie doch unser Bärlauch fressen! Wir wollen es eh nicht mehr!

Überdies warnen Ärzte vor der Avocado. Beziehungsweise vor den Schnittverletzungen beim Aushöhlen der diabolischen Frucht.

Jaja.

In puncto Dangerfood hat die Avocado den Kugelfisch und Nachmitternachtsdöner abgelöst. Ich weiß das deshalb, weil ich mich an dieser nussigen Nahtoderfahrung eben selbst verletzt habe und derzeit schwere Wunden an der Hand habe.

Ich denke, ich werde mir gleich erst mal einen Ingwertee raspeln.

Man hört ja viel Gutes über die heilenden Kräfte dieser Wurzel.

MJ, Tyler-Miguel und Iron Maik

Bochum. Ein junger Vater ruft seinen vierjährigen Nachwuchs. Diese Kategorie Junge, die ca. zwei Kilo sandigen Rotz unter der Nase hat.

«MJ, komm her!» MJ gesprochen wie «Emm Dschäi».

Das fand ich einigermaßen beeindruckend. Was ist eigentlich aus guten deutschen Kindernamen wie Kevin und Justin geworden?

Jetzt muss man festhalten, dass es natürlich immer noch regionale Unterschiede gibt. Während Teile NRWs oder Restdeutschlands immer noch chantalisiert sind, heißen Gören in den besseren Gegenden Hamburgs grundsätzlich Konstantin, Linus oder Maximilian. Dass «Doktor» als Vorname noch nicht zulässig ist, hat in den Elbvororten schon zu tragischen Szenen geführt.

Berlin-Mitte, immer schon Latte Macchiatown, wiederum wartet mit Namen auf, die beim Zuhören den Verdacht nahelegen, wir lebten in der Weimarer Republik:

Frederick Theodor Heinrich, Freya Luise Apollonia oder Ada Mai Helene.

Konsequenterweise müssten die Kinder mit Hochrad oder Dampfkraftwagen von der Kita abgeholt werden.

Gentrifitzgerald hätte ich zumindest kreativ gefunden.

Dort, wo die Wirtschaftskraft etwas geringer und die ganz großen Träume etwas weniger gelebt werden können, explodiert die Kreativität.

Ähnlich der DDR, wo ja auch nur die Namen Reisefreiheit hatten.

Im Kindergarten des Jüngsten meines Bruders zum Beispiel klebte über dem Maikäfer-Kleiderhaken das Namensschild «Iron Maik». Mike mit a-i, klar.

Man ahnt die Körperlichkeit des Erzeugers.

Ein Bekannter aus Schleswig-Holstein wiederum berichtete mir von einer Begegnung beim Schlachter: Eine Frau, Typ Stormarner Stute mit Busfahrerinnenfrisur, ruft ihren Kleinen zur Ordnung, der mit schwerem Mett-Jieper sein Gesicht mit einem solchen Nachdruck gegen die Scheibe der Frischetheke drückt, dass man das Glas bereits splittern hört:

«Tyler-Miguel, komm von der Wurst weg!» Sätze von zeitloser Schönheit.

Wenn Namen Flügel verleihen.

Peyton-Leslie Poslednik oder Monserrat Müller. Da weht internationales Flair durch den sozialen Wohnungsbau. Als lebten die Kardashians in Rotenburg (Wümme).

In einem Telekom-Shop. Ein Mitarbeiter kommt mir entgegen, fragt freundlich: «Kann ich Ihnen helfen?» Sein Sohnemann, auf dem Unterarm tätowiert: Ceejay.

Mit einem «Ich denke nicht, nein» mache ich auf dem Absatz kehrt.

Das Titelblatt der *Super Illu* lässt die frohe Kunde verlauten: «Babyglück bei den Amigos!»

Offenbar ist einer der beiden Troubadoure vom geistigen Frühverrentungsduo Großvater geworden, und der Vater des Enkels wollte dem stolzen Opa eine nominelle Huldigung zukommen lassen. Wie heißt der Bengel also: «Mailo Karl-Heinz».

Das ist dann auch nur noch geringfügig besser als gehauen werden.

Vermutlich spricht aus mir nur der Neid. Entstamme ich doch einer Generation, in der es gerade einmal acht Vornamen gab, die vom Amt auf alle Neubaugebiete verteilt wurden: Andreas, Michael,

Thomas, Christian, Markus, Stephan, Matthias, und wenn es mal ganz frech werden sollte, war auch mal ein Sven dabei.

Heute sind Namen zulässig wie Pepsi-Carola, Godpower oder Schaklyn (für Freunde der Phonetik). Ebenfalls als unbedenklich gelten Namen wie Napoleon oder Despot (nomen est omen und so) sowie Katzbachine, bei der ich auf den ersten Blick «Kackbratze» lese. Aber ich habe ja auch einen miesen Charakter.

Schokominza ist ein gültiger Mädchenname, während Pfefferminza hingegen natürlich GAR NICHT geht und auf der roten Liste steht.

Genau wie Atomfried, Nelkenheini oder Borussia.

Versteh einer die Ämter.

Und MJ? Der heißt in Wirklichkeit vermutlich Manfred Jason.

Oder schlicht: «Mein Junge».

Was irgendwie schon wieder schön wäre.

Küsschen,
Ihr Michael

Perlen der Vorabendunterhaltung

Können Sie ein Geheimnis für sich behalten: Ich bin großer Fan vom «Bergdoktor».

Seit mein Freund Oliver Polak und ich drei Tage in einem Kloster verbracht haben und dort im Fernsehzimmer miterleben durften, wie acht Ordensschwestern robbiewilliamskonzertartig Dr. Martin Gruber bei der Weltverbesserung zusahen, verehre ich den Mann. Die Serie zog mich völlig in ihren Bann. Und nicht nur mich. Die Damen unkeuschten beim Doktorspiel derart vor sich hin, dass ihnen die Kirche streng genommen die Mitgliedskarte hätte einziehen müssen.

Viel wichtiger aber finde ich, dass Christian Kohlund dort endlich auch mitspielt.

Der Mann ist vom Sternzeichen schließlich Arzt! Aber dazu gleich mehr.

Finden Sie nicht auch, dass das Fernsehen ein paar seiner ehemaligen Höchstleiter schäbig ausgemustert hat?

Menschen wie Herbert Herrmann oder Michael Degen.

Echte Röhrenfernseh-, wenn schon nicht -häuptlinge, dann wenigstens -indianer, die in den 8oern regelmäßig bei den Wicherts über die Hecke geguckt, mit Mutter Drombusch angebandelt oder wenigstens in «Derrick» tot hinter Evelyn Opelas Wohnzimmercouch gelegen haben. Ihnen möchte ich hier huldigen. Den (un)vergessenen Perlen der (Vor)abendunterhaltung. Wo sind die alle hin?

Volker Lechtenbrink? Peter Bongartz?

Klar, Gert Haucke dreht längst weiter oben mit Hundekotbeuteln bewaffnet seine Runden, während Günter Pfitzmann lässig an Brigitte Miras Wursttheke lehnt und Herbert «Alfons» Bötticher bei ungelenken Balzversuchen zusieht.

Aber wo bitte ist Gerd Baltus?

Gerd Baltus, der Archetyp der teutonischen Verklemmung, so etwas wie der destillierte Deutsche, der auch mit Mitte fünfzig noch von Mutti auf die Finger bekommt und für den liebevoll verpackten Karton Mon Chéri von seiner heimlichen Liebe ausgelacht wird.

Im Grunde genommen war jeder Krimi in den Achtzigern doch so:

Baltus, Buchhalter in einer Spedition, ist heimlich verliebt in die Frau (Susanne Uhlen) seines Chefs (schon böse geboren: Udo Schenk). Diese steckt aber in einer Affäre mit ihrem Tennislehrer (Helmut Zierl. Wenn der nicht kann: Michael Roll), der eine Woche später tot im Clubhaus liegt. Hat der Bruder des Toten (Alexander Radszun) etwas damit zu tun?

Oft kam noch Pierre Franckh als Lagerist um die Ecke, dessen linkisch-verstocktes Verhalten ihn immer zielsicher in U-Haft manövriert hatte.

Am Ende war es eigentlich immer Doris Kunstmann. Eifersucht. Anderthalb Flaschen Grauburgunder. Ein Streit. Der afrikanische Briefbeschwerer aus dem letzten glücklichen gemeinsamen Urlaub. Stumpfes Schädeltrauma. Sie kennen das.

Figuren wie Horst Frank oder Pinkas Braun wiederum kamen bereits schon schuldig auf die Welt und haben allein aus lauter Boshaftigkeit die Wehen ihrer Mütter unnötig ausgedehnt. Sie waren ähnlich gut gekleidet wie Ivan Desny – seine den Menschen zugewandte Grandezza ging ihnen allerdings völlig ab.

Damals haben uns und Monika Peitsch doch nur Männer wie er, Thomas Fritsch, Sigmar Solbach oder natürlich Christian Quadflieg noch an das Gute im Menschen glauben lassen!

In solche Kerle konnten sich Gila von Weitershausen oder Heide-linde Weis noch bedenkenlos verlieben. In Klausjürgen Wussow ja eh.

Wussow übrigens hatte es wahrlich nicht leicht, wollte ihm doch Kohlund, dieser Vorzimmerdamenflüsterer mit dem rauchigen Timbre, für das man freiwillig Praxisgebühr zahlen würde, regel-mäßig Gaby Dohm ausspannen.

Ich denke, das wird auch der Grund sein, warum sich der Berg-doktor gerade so schwertut, eine neue Liebe zu finden – mit einem Kohlund in derselben Serie hast du eine Frau nie lang für dich allein.

Amen.

PS: Na? Fühlen Sie sich auch so alt?

Wohin mit mir?

Was fange ich bloß mit mir an?

Sorry, das klang jetzt etwas existenzialistischer, als es gedacht war.

Nein, die WM ist so gut wie vorbei und hinterlässt ein Vakuum, das man erst einmal füllen muss. So ein Turnier strukturiert den Tag ja ganz gut und dank Toni Kroos und Co. konnte man den Wettbewerb angstfrei genießen. Wenngleich ich sagen muss: Die Fahnenunterdeckung und Autoaußenspiegelüberzieherbaisse hat schon ein wenig die Gesamtstimmung gedrückt.

Und nun? Urlaub wäre schön. Mallorca geht natürlich immer. Allerdings tut die Regionalregierung seit längerem alles, um etwaige Inselinteressenten abzuschrecken. Zuletzt griff ein Dreistufenplan: Sendete man schon lange Bilder von Kinderlieder grölenden, integrationsverweigernden Sangriajunkies um die Welt, leitete man nun Fäkalien ins Meer, sodass man beim Schwimmen am Stadtstrand von Palma auf «alte Bekannte» treffen konnte. Zuletzt schreckte man nicht einmal davor zurück, einen kapitalen Raubfisch vor der Küste kreisen zu lassen. «Hai-Alarm auf Mallorca». Jetzt kann nur noch Ralf Möller Ihren Urlaub retten.

Wohin also mit mir? Schnell irgendwohin fliegen ist bequem und eine schöne Sache.

Da man aber spätestens ab vierzig zur Nostalgie neigt und alles in einem langsam, aber sicher in den mütterlichen Schoß zurück strebt, ist ein Urlaub mit dem Aroma der Kindheit wohl eher das Richtige, und das bedeutet: mit dem Auto Richtung Süden (darf man so eine klimaverachtende Aussage heute eigentlich noch ungestraft tätigen?).

Der Weg ist das Ziel, und sich selbst Jahrzehnte nach der Reise zum Lago Maggiore am Steuer eines Mercedes statt auf der vermilbten Rückbank eines verqualmten Peugeot wiederzufinden, verschafft einem überdies ein gewisses Triumphgefühl, das einen locker schon mal bis hinter Gießen tragen kann.

Im Nachgang eigentlich unvorstellbar, dass mein Bruder Andi und ich diese Reisen damals überlebt haben. Unangeschnallt in einer Karre, verqualmt wie eine Heinz-Strunk-Kneipe in einer französischen TÜV-Nemesis 1600 Kilometer Richtung Südeuropa – heutzutage würde einen schon an der ersten Ampel das Jugendamt rauswinken.

Die gnadenvolle Verklärung der Vergangenheit aber ist eine wirksame Lackierung für sämtliche Erinnerungen. Die schier endlosen Stunden im Fond eines Ford Granada oder Talbot-Simca bei Vier gewinnt und Autoquartett erscheinen nun wie Sternstunden der Jugendunterhaltung (für Nachwuchs von heute sind Elternkopfstützen ohne integrierte Bildschirme mit 1082-teiliger Mediathek schlicht undenkbar!). Die jämmerlichen Versuche von Mama und Papa, ihren Streit vor uns zu verbergen, taugen bestenfalls noch zur launigen Anekdote, und die Raststätte im Spessart wandelte sich im Laufe der Jahre zu einer Art Phantasialand mit Greifarmautomaten, Rutsche im Außenbereich und anklagend schwitzender Bockwurst im Kassenbereichsterrarium. Für meine Generation (Jahrgang 77) ist Reisen noch unweigerlich mit Autobahnen und Landstraßen verbunden, und … okay, nein, so weit zu gehen, zum Falk-Plan zu greifen, das ist nun wirklich eine Form von Romantik, die in unsachgemäßen Masochismus abdriftet. Bayern, Brenner, Südtirol. Lächerliche Italo-CDs von der Tanke.

Alles in mir sehnt sich danach, irgendwo in Süditalien verstaubte Fensterläden zu öffnen, Zikaden im Garten zu hören, den verbrannten Rasen zu riechen, während meine glühenden Füße sich auf dem kalten Steinboden des rumpeligen Ferienhauses langsam beruhigen.

So wie ich.

Und vielleicht werde ich auf der Autofahrt dorthin sogar eine rauchen.

Nur um der alten Zeiten willen.

Shit Marketing

Nicht alle News sind gute News.

Und nicht alle News sind gute Promotion.

Wer wüsste das besser als der *Stern*.

Irgendwo in der Grauzone tänzelte unlängst mal wieder Dieter Bohlen entlang. Bohlen, für guten Geschmack so bekannt wie Boris Becker für cleveres Wirtschaften, ließ es sich nicht nehmen, sich auf der Social-Media-Plattform Instagram unter dem Label «Dieters Tagesschau» zum Thema Daniel Küblböck zu äußern. Jetzt könnte man ja generell auch einfach mal gar nix sagen. Fällt mir selber schwer genug. Wenn es aber partout kneift, dann sollte man zumindest bei der Kleiderwahl etwas mehr Fingerspitzengefühl beweisen. Nicht so der blondierte Leguan aus Tötensen. Der kommentierte den tragischen Fall um den offenbar auf der AIDA von Bord gegangenen Sänger in einem Kapuzenpullover, auf dem der Schriftzug «Be one with the ocean» prangte.

Eine unglückliche Wahl. Was folgte, war die übliche öffentliche Erregung, jede Menge *Bild*, RTL, Twitter, Sie kennen das. Kurze Zeit später die öffentliche Entschuldigung für die vermeintlich unüberlegte Garderobe. Ist einer, der sich für so schlau hält, wirklich so doof? Sagen wir es mal so: Für jemanden, der sich gerade eine Gefolgschaft bei Instagram aufbaut, ist dieses «Ich muss den mal abonnieren und schauen, was der da immer so treibt!» gewiss nicht verkehrt gewesen. (Wussten Sie, dass Dieter Bohlen sich generell sehr stark über Zahlen definiert?) Und dieses «Entschuldigung, wenn IHR das missverstanden habt»-Prinzip haben zuletzt ja sogar diverse Parteien für sich genutzt. Der (kalkulierte) Lapsus als Bekanntheits-Booster. Wenn das Netz schon jede Sau durchs Dorf treibt – warum nicht vorher wenigstens das eigene Logo auf die Sau malen?

Nehmen wir nur Starbucks. Immer wieder landen Fotos im Netz von Fehlleistungen verwirrter Baristi: Der Kunde kauft einen Kaffee to go, sagt dem Typen am Tresen seinen Namen – «Andre!» –, und auf dem Becher steht später «ADOLF». Also, beispielsweise. Natürlich macht Andre ein Selfie mit dem Becher, um der Welt zu zeigen, wie bescheuert die Mitarbeiter in der Koffeintanke sind. Auf dem Becher aber steht nicht nur Adolf, sondern eben auch immer das Logo der Kaffeebude. Mit dem Teilen hat ja bereits Moses gute Erfahrungen gemacht. Wäre ich der Chef des Konzerns, ich würde sogar die Direktive rausgeben, jeden zehnten Becher absichtlich falsch zu beschriften. Je irrer, desto teilenswerter. Wir sind eine mitteilsame Gesellschaft. Das kann man doch auch zu seinem Vorteil nutzen!

Noch ein Beispiel? Okay. Unlängst veröffentlichte die Schlagersängerin Vanessa Mai ein neues Album. So weit, so gleich. Schnell allerdings mehrten sich Aussagen, dass auf der ausgekoppelten Single im Refrain das Wort «F***e» zu hören sei. Das war natürlich ein nationaler Spaß. Alle hörten rein, ob dem wirklich so ist. Alle Medien machten mit. Die Sängerin selbst behauptete natürlich, sie habe «Worte» gesungen. Zu hören war das nicht. Ich hab's natürlich auch getestet. Was bleibt, ist ein Album als bundesweiter Mitmachspaß. Was es gekostet hätte, die CD in derselben Intensität zu bewerben – kaum auszurechnen.

Es lohnt sich also, sich mal kräftig zu vertun.

Zumindest, wenn man glaubhaft versichern kann, es sei keine böse Absicht dahinter gewesen – oder Versagen mit Kalkül.

Würden Sie im Supermarkt bei Seitenbacher stehen bleiben, wenn diese sagenhaft schlechte Reklame sich nicht über Jahre hinweg in unsere Hirnrinde geschwäbelt hätte? Man erinnert sich eben nicht nur an Schönes.

Man muss nur aufpassen, dass dabei nicht zuerst die Würde über Bord geht.

Der Minister

Der Minister erwacht in seinem Messehotelzimmer. Für einen Moment glaubt er, ins Bett gemacht zu haben. Mit Blick in den Spiegel bemerkt er, dass er das schmierige Schoko-Begrüßungstäfelchen im Gesicht hängen hat. Offenbar war er in der Nacht nicht mehr in der Lage, es vorm Schlafengehen vom Kopfkissen zu entfernen. Wie der kommende starke Mann seiner Partei sieht er gerade wenig aus. Zerknautscht. Aufgedunsen. In seiner Unterhose. Gestern trug er eine von den guten. Ein Vorzeigemodell. Bruno Banani. Für den Fall, dass er seine Popularität in Geschlechtsverkehr ummünzen kann. Zu Hause trägt er gerne die von TCM.

Zu einem Selfie fühlt er sich gerade nicht imstande. Er macht gerne Selfies.

Weil er geil aussieht. George Clooney in «From Dusk till Dawn», das war ein richtig cooler Typ. Und Franz Josef Strauß.

Auch ein richtiger Macher. Ein Alpha-Tier. Einer wie er.

Jemand, der angepackt hat. Dinge umgesetzt hat. Den keiner verarscht hat.

Schon gar nicht die ganzen Schmarotzer, die glauben, sich in diesem tollen Land breitmachen zu können.

Er hat klare Vorstellungen, wie es hier zu laufen hat. Das sagt er auch.

Oder schreibt es als Memorandum über die Selfies.

Meist blickt er nachdenklich in die Ferne. Manchmal auch entschlossen. Gerne beides.

Oft macht er sich Sorgen um die Kultur des Landes. Oder die Identität. Die Religion. Die ist ihm wichtig. Er ist sehr christlich. Das scheut er sich nicht zu betonen.

Dass Frauen beim Anblick seiner Fotos unkeusche Gedanken haben.

Nur menschlich, aber nicht seine Schuld.

Facebook. Die Augen noch verquollen, checkt er seine Seite.

Das Foto von seinem Besuch bei der IHK in Wildpoldsried. Es geht um schnelles Internet. Die Gemeinde ist jetzt von der 30-Zone ab auf die Datenautobahn, wie er gerne scherzhaft sagt. Stolz hält er die farbenfrohen Glasfaserkabel in der Hand. Er, der Kümmerer. Die bunten Leitungen sehen aus wie lange Strohhalme.

Irgendein beschissenes Satiremagazin hat das Bild benutzt, um ihn im Internet als buchbaren Clown für Sangriapartys am Ballermann darzustellen.

Das ärgert ihn dann doch. Kann man so was löschen lassen?

Idioten.

Genauso wie dieses Bild in der heute-Show:

Er, mit dieser Herman-Munster-Frisur, den Schrauben am riesigen Kopf und der Narbe am Hals.

Überschrift:

Frankenschwein.

Er lacht ja gerne mal mit, aber das reicht!

Da hört's auf.

Aber lief es für Gandhi immer glatt? Oder Strauß?

Gestern Abend ging es gut zur Sache. Gemütliches Beisammensein nach dem Bundesparteitag. Zu sagen, dass er angetrunken war, kann man als dezente Untertreibung bezeichnen. Er war voll wie ein Flüchtlingsheim. Der Taxifahrer hatte über diesen Spruch gelacht. Ihn außerdem wissen lassen, dass er seine Politik super findet. Überhaupt sollte ER das Bundesland führen. Die Grenzen dichtmachen. Den Moslems zeigen, wo sie hingehören, bevor wir nächstes Weihnachten schon verschleiert gehen müssen. Viele sagen ihm das. Auf der Straße. In den Bürgerhäusern.

Er spürt, dass die Leute sich nach einem echten Leader sehnen.
Weihnachten. Das Fest der Liebe. Der Barmherzigkeit.
Das lassen wir uns von den Flüchtlingen nicht wegnehmen.

Klar, dieser Terror-Tweet vor ein paar Wochen war inhaltlich vielleicht scharf formuliert, aber deshalb ja trotzdem richtig.

Jede Wahrheit braucht einen Mutigen, der sie ausspricht, oder? War das von Hesse? Er weiß es nicht mehr.

Obwohl er gerne liest. Coelho mag er gern. Und den kleinen Prinzen.

Man sieht nur mit dem Herzen gut. Das hat er immer schon gemocht.

Sein Parteivorsitzender hat ihn deshalb öffentlich abgewatscht. Also, nicht für den kleinen Prinzen. Für diesen Tweet.

Dieser bigotte Affe.

Hinter verschlossenen Türen redet der genauso. Schlimmer noch!

Saut ihn aber öffentlich für seinen Ton ab. Und warum? Weil er ihm parteiintern zu mächtig geworden ist.

Kleingehalten werden soll.

Tja, Pech gehabt, alter Mann. Über kurz oder lang stehe ich da oben.

Er ist kein Arschkriecher wie die anderen, die immer um den Alten herumscharwenzeln.

So wie «das Doktörchen», das dem Vorsitzenden immer hinterherdackelt, sodass Pressetermine intern nur noch «Gassi gehen» heißen.

Wann immer Interviews vor Kameras anstehen, steht der geschniegelte Fatzke mit seiner Steppjacke im Hintergrund und sieht aus, als würde er dem Alten aus der Schulter wachsen. Wie ein Geschwür. Wobei ein Geschwür ja noch ernst zu nehmen ist. Wie sehr er diesen rückgratlosen Speichellecker hasst. Dieser lächerliche Guttenberg-Klon.

Lustiger ist da schon der «Bademeister». So nennen den hier alle. Weil er permanent mit den Ideen in Berlin baden geht, die sich der Chef hier nach ein paar Maß ausgedacht hat.

Ein richtiger Arschtrittmagnet. Herrlich. Viel Spaß in der Hauptstadt.

Und dann immer diese Anzüge. Der Trottel trägt Prada.

Bewundernswert, diese Gabe, dermaßen von sich selbst überzeugt aufzutreten, bei kompletter Ahnungslosigkeit.

Beides Gestalten wie diese eine komische Gummiratte, die in Krieg der Sterne am Fuße von diesem fetten Monster gesessen und immer gelacht hat, wenn der teigige Zellklumpen was gesagt hat.

Seine Kinder lieben Krieg der Sterne. Oder war das was anderes? Irgendwas mit Stern.

Diese armseligen Witzfiguren. Er macht sein Ding. Wessen auch sonst.

Heute Nachmittag besucht er eine Pfarrgemeinde in Freising. Kinder werden singen und ihm Briefe ans Christkind überreichen, die er bitte weitergeben soll.

Keine Ahnung, wo der Staatssekretär die hinschafft.

Kinder und Weihnachten. Die Leute lieben solche Bilder.

Rentner laufen bei Facebook gar nicht. Aber er muss natürlich zu denen hin.

Die wählen ihn beständig. Spätestens, wenn er ein paar Sätze zur Homoehe gesagt hat.

Das hören die wirklich gerne. Ihm ist eigentlich egal, was die Schwulen treiben –

aber das kann er natürlich nicht sagen, wenn er auf dem Weg zur Bühne wie Moses ein Meer von beigen Cargowesten teilt.

Bayern muss endlich wieder cool werden. Das geht nur mit ihm.

Und bestimmt nicht mit einem, der im Keller debil schnaufend neben seiner elektrischen Eisenbahn liegt.

Wann ruft eigentlich Til Schweiger zurück?

So ein Flüchtlingsgipfel, z. B. in der Staatskanzlei, das hätte was.

Die *Bunte* wär auf jeden Fall an Bord.

Vielleicht im Schumanns, das ist lässiger.

Passt besser zu ihm.

Oder soll es wirklich so sein, dass diese dicke Soze wichtiger sein soll als er?

Kinder. Kinder sind unsere Zukunft.

Er mag Kinder. Er hat ja selber welche. Als Katholik ist das selbstverständlich.

Er betont stets die Werte des christlichen Abendlandes. Die gilt es zu verteidigen.

Das Smartphone brummt.

Die Ex-Geliebte, die ihm damals ein Kind angehängt hat.

Er drückt sie weg. Vermutlich geht es wieder um Geld.

Er kann das jetzt nicht brauchen.

Hier geht es um das Land. Die deutsche Leitkultur. Um familiäre Werte.

Gestern Abend an der Hotelbar war diese scharfe Maus.

Gar nicht desinteressiert. Vertreterin für dieses Küchengerät, das er seiner Frau mal zum Geburtstag geschenkt hatte.

Thermodingens. Der Staatssekretär meinte, das würde bei Frauen für so eine Art stufenlos verstellbaren Orgasmus sorgen, und hat sich gekümmert.

Das mit dem Orgasmus hat er natürlich nicht gesagt. Bestimmt nicht. Oh, nein.

Ihn fickt keiner.

Diesmal leider buchstäblich.

Die Vertreterin verwickelte ihn schnell in ein Gespräch über Politik.

Den Rest kennt er schon.

Selbstgefälliges Echauffieren. Große Augen. Naives Gefasel von Mitmenschlichkeit und dem C im Parteinamen.

Wie mitmenschlich sie wohl wäre, wenn sie abends allein an einem Flüchtlingsheim vorbeistöckeln müsste.

Linksgrüne Lesbe. Ist dann mit irgendeinem Fielmann-Typen abgezogen.

Gut, dass er die Finger davon gelassen hatte.

Klar, er hätte noch mitfahren können, als drei Parteifreunde sich noch ins Taxi Richtung Dolce Vita gestürzt haben, aber das ist nichts für ihn.

Man weiß nie, wer da ist, und ein Foto in so einem Laden kann er sich nun wirklich nicht leisten.

Schon gar nicht nach der Geschichte mit dem Jungen. Wie alt ist der jetzt eigentlich? Fünf? Sechs?

Tolle Frauen haben die da. Ein Jammer.

Wenigstens hat er hier im Zimmer stabiles WLAN.

Gott, jetzt fällt es ihm wieder ein.

Er ist vor lauter Heißhunger noch mitten in der Nacht ins Bahnhofsviertel gewankt, sich einen Döner kaufen.

Der Verkäufer, vermutlich Türke, war sehr höflich. Ganz gutes Deutsch für so jemanden.

War ein nettes Gespräch über Deutschland und gelungene Integration. Die freundliche Art, mit der er den Türken behandelt hat, gibt ihm auch Stunden später noch ein gutes Gefühl. Er kann es halt mit jedem. Selbst mit solchen.

Jetzt hat er doch Lust, ein Selfie zu machen.

Sein Club spielt heute Abend gegen Bielefeld.

Jetzt ist er aufgeregt. Er muss unbedingt ein Bild posten mit dem Fanschal um.

Ein Hauch von Stehtribüne und Stadionwurst. Das ist eben auch er.

Kosmopolit und volksnah.

Der Schal. Er guckt in den kleinen Rimowa-Koffer, den seine Frau ihm gepackt hat.

Er ist leer.

Dumm gelaufen

Wenn das doch so Glücksgefühle auslöst – wieso guckt der Typ, als würde er gerade rostige Nägel pinkeln? Nein, ernsthaft. Dieses «Runner's High», von dem so viele reden, das habe ich, glaub ich, noch nie so wirklich erlebt.

Aber vielleicht muss man dazu auch aussehen wie Klaus of Pain, der mir gerade entgegenläuft und so wirkt, als sei er Christian Bale, der sich gerade auf 'ne Oscar-Rolle als Thomas Tuchel vorbereitet.

Nein, ernsthaft, derzeit läuft irgendwie alles.

Also, schief.

Es ist noch nicht so lange her, da hat man sich einfach Laufschuhe angezogen und ist einfach – nun ja – gelaufen.

Gut, sicher, man konnte vorm Schuhkauf in Sportgeschäften eine intensive Laufanalyse machen lassen, die im Grunde genommen immer ergeben hatte, dass es Gott bei der Erschaffung der eigenen Füße tatsächlich lediglich bei einem Klumpen Lehm belassen hatte. Da wurde das Selbstbewusstsein mit den eigenen Senk- und Spreizfüßen getreten. Das war es dann aber auch.

Mittlerweile aber ist das Joggen zu einer grenzphilosophischen Selbsterfahrung im NASA-Gewand verkommen. Was an sich nur halb so peinlich wäre, wenn man das Ganze nicht auch noch mit der Welt teilen würde.

Stichwort «Runtastic». Wer genau hat sich das ausgedacht!

Niemand, aber auch wirklich niemand will eure Laufzeiten wissen.

Vor allem dann nicht, wenn diese mantraartig wieder und wieder gepostet werden.

Wem soll das nützen – außer vielleicht einer usbekischen Einbrecherbande, die jetzt weiß, dass Genosse Spandex jeden Montag, Mittwoch und Freitag zwischen 8 und 8 Uhr 43 an der Elbe entlangeiert.

Davon ab: Sechs Kilometer in 1 Stunde 03?!

Was soll das sein?

Ein öffentlicher Schrei nach Hilfe?

Mittlerweile posten Menschen schon die Zeiten, in denen sie SPAZIEREN waren!

Warum denn nicht gleich die fünf Meter von der Couch zum Klo!

Das eine sind Zahlen. Viel schlimmer sind ja diejenigen, die lang und breit darüber philosophieren beziehungsweise kolumnieren.

Jaja, das gibt es.

Mal abgesehen vom großartigen Achim Achilles.

Der ist ja super.

Aber wo bitte sind die falsch abgebogen, die anfangen, regelmäßig glückskeksgescheite Texte zu verfassen, in denen es plötzlich heißt «Laufen ist Haltung. Laufen ist Respekt. Laufen ist Demut.» Und sich nicht einmal entblöden, dem Laufen eine geradezu politische oder gar weltverändernde Kraft zuzuschreiben.

Als könne man einen wie Björn Höcke mit einer Trab-Runde um die Alster gesinnungstechnisch umdrehen – zumal, wenn der seine Goebbels-Parodie konsequent durchzieht, ist Joggen eh nix für den.

«Laufen ist Demut. Laufen ist Haltung. Laufen ist Respekt.»

Sonst noch was?

Nein!

Laufen und Fresse halten!

Ich gehe rennen, um keinen fetten Arsch zu kriegen. Ganz einfach.

Ganz ohne intellektuellen Ansatz.

Und auch ohne den Drang, den Ivan Drago rauszukehren und einem hilflosen Publikum unter die Nase zu reiben, dass Captain Fantastic heute morgen um fünf schon wieder «entspannte 30 km» hinter sich gelassen hat.

Für solche Leute habe ich früher meine Couch zu Hause freige-räumt.

Nein. Ich bin 39. Ich war gestern Bier trinken. Also muss es heute raus.

So einfach ist das.

Nur, dass wir uns nicht missverstehen.

Laufen kann Spaß machen.

Es ist für den Normaltrainierten mehr ein Automatismus als echte Anstrengung.

Beim Laufen kommen mir meist die besten Gedanken.

Wie beim Rasenmähen. Oder beim Kacken.

Es ist übrigens nicht empfohlen, alle drei Sachen gleichzeitig zu machen.

Obwohl es witzig aussähe.

Während einer Laufrunde erfreue ich mich an den vielen Eindrücken, die ich gewinne.

Kulturelle Unterschiede regionaler Natur.

Im Ruhrgebiet grüßen sich Läufer.

Mehr noch. Du wirst – wie dort üblich – von jedem passierenden Oppa angelabert.

«Wie viel musse noch?» oder, wenn mit Hund unterwegs: «Wer gewinnt?!»

In Hamburg wiederum würde der entgegenkommende Traber lieber den direkten Weg in die Alster nehmen, als den Gegenverkehr eines Grußes zu würdigen.

Im Berlin hängen sie eigentlich alle nur mit dem Kopf über ihrem Smartphone an der Spree und fangen Pokémon.

Die Spree. Der Rhein. Die Elbe. Ich liebe es, am Wasser entlangzusprinten.

Die Alster ist zum Beispiel ein toller Ort für eine zünftige Runde.

7,5 Kilometer. Perfekte Strecke, um sich fitzuhalten und Leute zu gucken.

Es gibt im Sommer so vieles zu sehen.

Der Fernsehmoderator, der den Kinderwagen so lange um das Gewässer schiebt, bis sich endlich einer erbarmt, ein Selfie mit ihm einzufordern.

Die Stand-up-Paddler, die parallel zur Laufstrecke mit einem halben Knoten über das seichte Wasser zittern. Die Segway-Fahrer der Binnenschifffahrt.

Liegefahrradfahrer, die den Weg kreuzen.

Liegefahrrad – wie kann man sich selbst nur so hassen.

Die Kleidung der Mitläufer.

Da! Ein Mann mittleren Alters macht mich durch seine enge Radlerhose zwangsweise zu seinem Urologen.

Eiersalat auf links. Wie schön.

Wirklich erstaunlich, was die Raumfahrttechnologie im Bereich der Funktionskleidung für Breitenspurter geleistet hat. Im Grund genommen ist nunmehr jeder Zweite gekleidet wie irgendeine Figur aus dem Marvel-Universum oder Arjen Robben (ohne hinzufallen).

Alles förmlich aufgesprüht.

Das ist natürlich genau mein Ding.

Gerade eben überhole ich langsam, aber sicher den Nächsten. Ich genieße das gute Gefühl, viele hinter mir zu lassen und offenkundig zum oberen Viertel der Gewohnheitswetzer zu gehören.

Ja, klar. Ab und zu zieht auch an mir jemand vorbei.

Das ist kurz unangenehm. Zum Glück trägt so jemand meistens ein Shirt von irgendeinem Marathon oder Triathlon.

Oft in einer Stadt, deren erwähnenswerteste Qualität die ist, dass man sie so schnell wie möglich hinter sich gelassen hat.

Kiel oder so.

Das weist den Träger als Halbprofi aus.

Ich wiederum mache das ja nur so nebenbei.

Außerdem: Menschen, die ein Marathon-Zielfoto als Profilbild bei Facebook haben, denen gönne ich das kleine Glück.

Die haben ganz andere Probleme.

Regelrecht unverschämt allerdings fand ich neulich die drahtige Mittvierzigerin, die es wagte, mich arroganten Schrittes zu überholen.

Eine Frau. Über vierzig! Überholt mich!

Ich war fassungslos vor Wut.

Noch am selben Abend sollte sie bei Elite-Partner wieder auf Normalmaß gestutzt werden, was ich irgendwie fair finde.

Denn was diese Frau noch lernen muss:

Laufen ist Haltung.

Demut.

Respekt.

So läuft das.

Highway to Helau

Denken Sie an heiße Körper in kunstvollen, sexy Outfits, an tolle Rhythmen, an wunderschöne Menschen, die sich zu mitreißender Musik aufreizend bewegen, sodass man am liebsten gleich mitmachen würde –

jetzt ziehen Sie all das ab.

Willkommen im Kölner Karneval.

Das mehrtägige Wildpinkel-Olympia im Dixi-Land des rheinischen Raumes, in Köln.

Ein aufgepumptes Dorf, das aussieht, als habe Gott zu wenig Stadt, aber noch tonnenweise Beton übergehabt.

Der Teufel will es, dass ich ausgerechnet jetzt von Berufs wegen hierher muss.

Mit der Bahn. Ein Verkehrsmittel, das für viele Kostümierte den Vorteil birgt, schon während der Anreise Schaumwein aus rosa Plastiksektflöten zu trinken und über die iPhone-Lautsprecher Songs zu spielen, die sogar bei RTL-II-Dokus als musikalische Untermalung auf dem Index stehen.

Es ist nicht leicht, zu wissen, dass man mit diesen Menschen dasselbe Ziel teilt.

Zumindest geographisch. Inhaltlich ist einem Gutteil der Festivalbesucher nach, nun ja, leichter Unterhaltung, oder wie es ein Freund unlängst ausdrückte:

Ein One-Night-Stand an Karneval ist ein wenig so wie bei Aldi klauen.

Netter Euphemismus.

Am Kölner Hauptbahnhof angekommen, offenbart sich schnell das ganze Ausmaß des Elends.

Schwerstalkoholisierte, die nur noch von ihrem Kostüm zusammengehalten werden. Frauengruppen, unheilvoll daran erinnernd, dass Frettchenweibchen an einer Östrogenvergiftung sterben, wenn sie zu lange nicht begattet wurden.

Leg noch ein paar Transvestiten drauf, und das Ganze ist vom Wiener Opernball nicht mehr zu unterscheiden.

Dazwischen ich, in meinem beliebten Standardkostüm als arroganter Medienaffe, der nur weg von hier will.

Raus, auf den Bahnhofsvorplatz.

Der Bahnhofsvorplatz. Mittlerweile international bekannt, nachdem sich in der Silvesternacht 2015 am Fuße eines gewaltigen Phallussymbols ganze Legionen unterkoitierter «Nordafrikaner» (Sammelbegriff für Marokkaner, Nigerianer, Libanesen oder Dänen) eingefunden hatten, die Stimmungsminister Jürgen Milskis gesangliche Einladung «Deutsche Mädels sind die besten, das kann jeder gerne testen» etwas zu wörtlich genommen hatten.

Seit dem Ficki-Ficki-Flashmob gibt es hier Scheinwerfer, die mit grellem Strahl ein Auge darauf haben, dass sexuelle Belästigung deutsches Brauchtum bleibt.

Enttäuschend für viele blonde deutsche Mittfünfzigerinnen, die spontan den Jamaika-Urlaub storniert hatten, um beim hiesigen Frottismusfestival von der allgemeinen sexuellen Energie der «Flüchtlinge» (Sammelbegriff für Syrer, Australier, Türken oder Rumänen) profitieren zu können.

Die Sache mit der Helligkeit. Sowohl viele Frauen hier als auch die Stadt selbst sind dringend auf gnädiges Licht angewiesen.

Das Wetter spielt nur bedingt mit. Es stürmt, es regnet.

In Mainz oder Münster wurden die Umzüge gar abgesagt.

Gibt es für Sturm keine Obergrenze?

Und kommt der nicht sogar aus dem Ausland zu uns?

Schlimme Zeiten zum kollektiven Loslassen sind das.

So manch einer riskiert, beim Stehfick am Stromkasten von einem herabwehenden Ast das halbsteife Penoid zerschmettert zu bekommen.

Wer einmal mitansehen musste, wie eine 1 Meter 90 große Biene eine sedierte Sonnenblume über eine Mauer gelehnt von hinten nimmt, für den ist das mit der Aufklärung gelaufen.

Und dieser Geruch. Die ganze Stadt ist ein Unique Smelling Point.

Man muss dem Sturm dankbar sein. Weht er doch den Hautgout aus Alkohol, Urin und Cool Water rüber bis nach Düsseldorf.

Wo man Importgeruch streng genommen nicht nötig hat.

Man feiert ja selbst.

Ohnehin ist der Karneval keine rein kölsche Angelegenheit.

In Köln heißt es Karneval, in Mainz Fastnacht, in München Fasching, in Hamburg oder Berlin «mach die scheiß Musik aus und schmink dich ab, wir haben Montag, du Tonto».

Wenngleich auch woanders gefeiert wird, versteht sich Köln als Metropole dieses Brauchs, der im Mittelalter seinen Ursprung hat – was gut zu einer Stadt passt, die das Versagen des lokalen Fußballvereins auf einen Ziegenbock schiebt.

Die «närrische Zeit» beginnt traditionell am 11.11. um 11 Uhr 11. Was in seiner Pünktlichkeit zum deutschen Wesen zu passen scheint. Um 11 Uhr 10 noch eben eine afghanische Familie abgeschoben – zack! –, jetzt Frohsinn mit der Stechuhr.

Das ist verbeamtete Fröhlichkeit, wie man sie nur noch sonntagmorgens in der ARD findet. Klasse!

Den Höhepunkt findet das Ganze in der Zeit des Straßenkarnevals, zwischen dem Altweiberdonnerstag und Aschermittwoch. Der Tag, an dem traditionell der «Nubbel» verbrannt wird (in Teilen Ostdeutschlands auch wahlweise Bücher).

Hier werden Betankungshymnen geschmettert und Genitalshantys gesungen, dass weder Kehle noch Schiesser trocken bleiben.

Stars wie de Höhner, Brings oder Willi Herren machen sich hier mit einem Auftrittsmarathon die Taschen voll und singen Bierbegleitendes wie

«Dicke Mädchen haben schöne Namen», «Drink doch ene met» oder «Nit alles wat e Loch hät es kapott». Köstlich. Und auch für diejenigen mitsingbar, für die der Megapark so etwas wie die Wagner-Festspiele ist.

Fahrstuhlmusik auf dem Weg ins Eierstockwerk des weiblichen Gegenübers.

Welches derzeit besonders sensibilisiert wurde, was die Wirkung auf das andere Geschlecht angeht.

Vielerorts sind Funkemariechen angehalten, dieses Jahr in Jogginghosen zu kommen, um in der allgemeinen Muselmanie beim interessierten Gastpublikum keine Vergewaltigungsanreize zu schaffen.

Auch mehr Anzeigen wegen sexueller Belästigung sind zu verzeichnen.

Teilweise deshalb, weil die erotische Demarkationslinie dieses Jahr plötzlich völlig anders verläuft.

Da wird ein Türsteher angezeigt, der eine Frau vor die Wahl stellt: «Entweder 25 Euro Eintritt – oder ein ‹Bützje›» – was die Alte doch tatsächlich als sexuelle Nötigung auffasst.

In den Jahren davor wäre ein Blowjob noch als besserer Handshake durchgegangen, und jetzt?

Das ist nicht mehr mein Karneval. So macht es doch keinen Spaß, Leute.

Gottlob steht das närrische Treiben nicht nur für Alkoholismus und sexuelle Schlussverkaufsstimmung. Gegen diese plumpe Pauschalisierung wehrt sich der Traditionalist mit aller Kraft.

Denn da ist ja schließlich noch:

De Zoch! (Der Zug.)

Wagen, die sich mit ca. 2 km/h durch die Straßen der City schieben. Was exakt dem Tempo entspricht, mit dem man sich auch im

Rest des Jahres im Kfz durch diese gänzlich verplante Architektursünde quält.

Diese kunstvoll gestalteten Gefährte bestechen durch die unterschiedlichsten Mottos, bannen Zeitgeschehen in Pappmaché und überzeugen nicht selten mit feinen Spitzen gegen die Politik.

Meistens steckt eine modellierte Angela Merkel im Hintern von Erdoğan oder ähnlich Feinsinniges.

Beim Reichertshausener Umzug legt man noch eine Schippe drauf und lässt ein Panzerimitat mit dem Schriftzug «Ilmtaler Asylabwehr» durch die Straßen rollen.

Huiiii, da geht die Post ab.

Reichertshausen – wir sind das Fascho in Fasching.

Nein, Faschismus kann man dem Kölner nicht vorwerfen. Der Kölner ist freundlich, offen und geradezu schmerzhaft fröhlich.

Das belegen diverse Übertragungen von den Prunksitzungen, in denen sich altgediente Versicherungsfachangestellte als Lappenclown gekleidet in Mehrzweckhallen über auf der Bühne dargebotene Witze aus dem Pleistozän amüsieren. Dieselben Menschen übrigens, die sich, auf Mario Barth angesprochen, angewidert wegdrehen, ob des humoristischen Verfalls von Loriot-Deutschland.

Währenddessen fliegen draußen Kamelle von den Umzugswagen.

Ja, es wird tatsächlich mit Lebensmitteln geworfen.

Primaten sind immerhin so schlau, es bei Kot zu belassen.

Ich sitze derweil im Museum Ludwig, im Café.

Hier gibt es einen Jazzbrunch. Etwas, von dem ich glaubte, dass es zuletzt in Opel-Autohäusern Ende der 90er stattfand.

Ein Trio (ich nehme an, es ist das ausgemusterte vom Sport 1 Doppelpass) spielt Lounge Jazz, während drei Tische vor mir fünf bierbäuchige Hühnerkostüme um die sechzig die Trockenheit und Wärme genießen.

Aus dem Fenster blicke ich hinab auf dieses gewaltige Feldexperiment, das sich anschickt, herauszufinden, bei welcher Witterung der Pöbel noch willens ist, sich für billigen Alkohol und Frottismus draußen in die Kälte zu stellen.

Und all das wollen uns diese irren Islamisten kaputtmachen?

Gegen die, die uns unsere Freiheit nehmen wollen, gilt es umso vehementer anzuschunkeln.

Zu bützen.

Hier geht es um unsere Art zu leben!

Strullt es an jede Wand!

Terror hat viele Gesichter.

Dieses ist geschminkt und riecht nach kleinem Feigling.

Mama

«Deine Stirn könntest du auch mal botoxen lassen.»

Très charmant, Mama.

Gut, dass ich die Kolumne eh schon angefangen hatte.

Sollte eigentlich eine Lobhudelei werden.

Müssen ja nicht immer Blumen sein.

Was haben Kim Jong-un, Margot Honecker und Carsten Maschmeyer gemeinsam? Abgesehen von ihrer frisurtechnischen Pionierarbeit.

Richtig, selbst die kommen aus einer Frau, die so etwas wirklich lieben konnte.

Obwohl ich mich z. B. bei Lutz Bachmann schon frage, an welches Kellerlabor er heute den Fleurop-Strauß schickt.

Kann ja nicht ernsthaft sein, dass der irgendwann mal süß und … nee, wirklich nicht.

Hat man heute eigentlich schon Horden besoffener Frauen mit Bollerwagen durch die Straßen marodieren sehen?

Muttertag.

Der Tag, an dem Ulla von der Leyen einen Staatssekretär abstellt, die gekrakelte Fanpost abzuarbeiten – und Uschi Glas von *Bild*-Reportern angerufen wird, sich doch mal die Facebook-Seite ihres Sohnes anzugucken.

Meine kriegt jetzt 'ne Kolumne, scheiß drauf.

Fast vierzig Jahre macht diese Frau den Job als Mutter jetzt schon.

Streng genommen hätte sie den Erziehungsauftrag vor zwanzig Jahren auch abgeben dürfen.

Aber gelingt das überhaupt je?

Erst vorgestern erzähle ich ihr von einem Termin, der nicht ganz unwichtig ist, und ohne dass sie auch nur ein Wort sagen muss, sehe ich diesen Blick, der mir sagen will:

«Dann kannste dich aber vorher auch mal rasieren, Junge.»

Darauf angesprochen, fing sie an zu lachen.

Ich hatte sie ertappt.

Nie wird sich das ändern.

Dieser Impuls, das Leben des eigenen Sohnes wie ein unaufgeräumtes Kinderzimmer mal eben so auseinanderzumuttern.

Meine Omma (mit der ich unter einem Dach aufgewachsen bin und die für mich emotional mit meiner Mama auf einer Stufe steht) fragt mich immer noch regelmäßig, ob ich noch Arbeit habe.

Jetzt muss man wissen, dass meiner Mutter Optik, nun, wie soll ich's sagen, nicht ganz egal ist.

Mein Elternhaus mit dem Garten sieht aus, als stünde es direkt auf der Raffaello-Insel, und meine Mutter selber wurde garantiert irgendwo im Gehirn von Wolfgang Rademann entworfen.

Ich war zwischenzeitlich davon überzeugt, ein Guldenburg zu sein.

Dieser hörbigerhafte Kubitschekismus, gepaart mit einer gut geföhnten Alterslosigkeit –

wenn meine Mutter mit Omma und Tante Helga als Kaschmir-Troika samstags durch die Städte flaniert, machen sie aus jeder Ruhrgebietsfußgängerzone ruckzuck die Kö.

Dabei verbirgt sich hinter dieser Apothekerinnen-Fassade eine regelrechte Rabaukin. Immer die Erste, wenn es irgendwen irgendwo in einen Pool zu schmeißen gilt, für jeden Scheiß zu haben, lustbegabt, kein Thema, über das man nicht mit ihr sprechen könnte.

Noch heute sitzen wir bis tief in die Nacht zusammen und quatschen über das Leben.

Ihr Männergeschmack ist natürlich schrecklich.

Die Begeisterung für Howie Carpendale (seit er diesen pelikanartigen Kehlsack hat, hat sie sich von ihm abgewandt) oder Engelbert Humperdinck (zumindest, bis er den Schnäuzer abnahm. Danach ging es mit ihm bergab).

Irgendwann brennt sie mit Sky du Mont durch, da bin ich sicher.

Gut, geschmacklich kommen die Ruhrgebiets-Deneuve und ich selten zusammen.

Mein Bart erscheint mir selbst oft wie eine postpubertär-ödipale Auflehnung.

Und das mit dem Auto ... nun ja.

«Der Range Rover, der passt zu dir. Der hat so wenig Glanz.»

Na, danke. Dass sie's nicht als Gag gemeint hatte, macht es nur schlimmer.

Mama ist immer da, immer eine Bank.

Damals, mit 19. Zivildienst. Ich musste, wie jeden Sonntag, um sieben Uhr morgens zu Opa Klima fahren, um dem Schlaganfallpatienten seinen Apfel zu schälen.

Selbstredend kam ich erst gegen sechs Uhr aus dem Dortmunder Soundgarden, so betankt, dass Opa Klima eigentlich MIR den Apfel hätte schälen müssen.

Mama konnte mich gerade noch abfangen, als ich mit dem Restalkoholpegel einer mallorquinischen Bodega pflichtbewusst dahin fahren wollte. Also hat sie mich kurzerhand komplett verpennt und struwwelig chauffiert und wie ein Fluchtwagenfahrer mit laufendem Motor vor dem Zechenhäuschen gewartet.

Ist es weltweit jemals einem Jugendlichen geglückt, sich betrunken an den eigenen Eltern vorbeizuschleichen?

(Danach hat man natürlich versucht, sich mit einem ungewöhnlich heftigen Wortschwall aus der Situation rauszulabern. Vergebens, natürlich.)

Sie hat mich abgeholt, als ich ihr, komplett betrunken, erzählen wollte, ein anderer habe mich von oben bis unten vollgekotzt.

Sie hat es mir nicht geglaubt.

«Ich bin nicht sauer. Nur sehr, sehr enttäuscht.»

Wie beschämt (und verkatert) ich am nächsten Morgen mit dem Fahrrad losgeeiert bin, Blumen für sie zu kaufen.

Tausende von D-Mark wurden in Gitarren-, Tennis- oder Nachhilfeunterricht investiert. Jede T-Aktie hätte mehr abgeworfen.

Man kann mit dieser Frau über alles reden.

«Und du bist dir wirklich sicher, dass du dieses Mädchen noch mal drei Wochen zu dir einladen willst?»

Man muss dazu wissen, dass ich mich mit 16 gerade in eine verrückte finnische Austauschschülerin verliebt hatte, die beim letzten Abschied vor Wut und Trennungsschmerz spontan die Schaufensterscheibe von Castrops größtem Möbelhaus eingetreten hatte.

Der Denkanstoß war also nicht ganz unberechtigt.

Die Finnin kam trotzdem. Nach drei Wochen war ich nervlich am Ende.

Ich war schon immer eine Prüfung, glaub ich.

Immer schon etwas obrigkeitskritisch, musste man mir jeden Mist erklären, bevor ich ihn akzeptierte.

Geburtstagspartys wurden regelmäßig doppelt so groß, weil ich es nicht übers Herz brachte, einen Klassenkameraden nicht einzuladen, wenn er fragte.

Zum Unterricht kam ich immer zu spät, weil ich im Dorf auf dem Weg zur Grundschule noch in jedem Zeitschriftenladen, jeder Bäckerei vorbeimusste, um wie der Stadtteilfürst ein kurzes Pläuschchen zu halten.

Sie hat es alles ertragen.

Als man ihr in der Schule sagte, dass man mich ändern müsste, sagte meine Mutter nur:

«Aber der gefällt mir so, wie er ist.»

Das Beste, was Eltern für ihr Kind tun können.

Ihnen zu signalisieren, dass sie sie lieben – und sie richtig so sind, wie sie sind.

In jeder Lebensphase.

«Mach irgendwas, aber mach was.» Da konnte sie noch nicht ahnen, dass ich mal für den *Stern* schreiben würde.

Als Zweitgeborener erfährt man eh immer etwas mehr Milde.

Meinem sechs Jahre älteren Bruder hat sie noch die Heftseiten rausgerissen.

Meine Mama war so schlau, aus dem persönlichen Scheitern der anderen in meiner Familie die richtigen Schlüsse zu ziehen und ihr eigenes Kind nicht in ein Korsett zu pressen.

Nichts ist ungerechter als die Gleichbehandlung von Ungleichen.

Ich hatte wohl einfach Glück mit meinen Eltern.

Ich durfte so sein, wie ich bin.

Mütter sind toll.

Erst quellen sie monatelang auf, um dann in stundenlangen Presswehen einen undankbaren Speckegel rauszudrücken, der Jahre später nicht mal die simpelsten WhatsApp beantwortet. («Junge, ich sehe doch, dass du online bist. Da kannst du deiner Mama ruhig mal schreiben.»)

Sie haben ein Schlafdefizit, für das jeder Guantánamo-Häftling dankbar wäre.

Sie organisieren den Haushalt, schmieren Stullen, machen Fahrdienste, Erstversorgung, Seelsorge, planen die Woche oder Blauhelmeinsätze im Kinderzimmer der Geschwister, müssen sich nebenbei auftakeln für den stumpfen Kerl auf der vermilbten Couch, besorgen Geburtstags- und Weihnachtsgeschenke (über die der Vater des Kindes am meisten überrascht ist) und sind einfach:

Die besseren Menschen.

Danke, Mama.
Danke, Omma.

Zwei geplatzte Reifen auf der Autobahn innerhalb eine Monats. Vorladung zum Landgericht.

Vielleicht war ja doch was dran, als diese irre TV-Anwältin mich via Facebook verflucht hat. Ich mein, sie kann ja sonst nix, da sollte zumindest schwarze Magie drin sein.

Das Landgericht. Wie konnte es so weit kommen.

Nun, die Scheiße machte sich langsam auf in Richtung Ventilator, als ich im Dezember 2014 zu Gast bei meinem alten Freund Tobias Häusler in seiner Sendung bei WDR 2 war. Eine wunderbare, sehr launige Sendung. Ein schönes Wiedersehen, nachdem unsere gemeinsamen Anfänge beim Radio vor 16 Jahren vor allem dadurch geprägt waren, dass wir abseits des sendbar Beleidigenden regelmäßig Unausstrahlbares, hochgradig Justiziables und Senderzersetzendes für den Giftschrank produziert hatten.

Dass uns ausgerechnet DIESE Sendung noch vor den Kadi bringen sollte, wir konnten es nicht ahnen. Überraschen aber sollte es uns auch nicht.

Die ersten 115 Minuten der Zwei-Stunden-Show ging auch alles gut. Dummerweise fiel das Gespräch dann irgendwie auf die Zweitwohnung, die ich noch im Ruhrgebiet habe.

Und noch dummerweiser auf den Nachbarn, der unter mir ... nun ja ... die Restlebenszeit verwaltet.

Seit Anfang der 2000er musste ich diesen Mann erdulden, der mich von Sekunde eins an hassen lernte, allein deshalb, weil ich als Erstbezieher über ihm natürlich lauter war als die Luft, die bis dato über ihm wohnte.

Ein vom Leben enttäuschter Frührentner und Flurwochennazi von der Garageninnenhof-Gestapo, der es sich mit seiner nicht minder verhärmten Frau zum Ziel gesetzt hatte, mir die aus allen Poren triefende Lebensfreude mittels einer Kaskade von unsinnigen Beschwerden auszutreiben.

Erst wurde zu lautes Gehen moniert, dann reichten bereits vier Menschen, die sprechenderweise um meinen Esszimmertisch versammelt waren, um die Polizei wegen vermeintlicher Partys zu rufen, sonntagfrühstmorgendliches bewusstes Zuparken meines Kfz wegen Grenzverletzung seiner Parkbucht, am Ende wurde ich behandelt, als würde der Bereichsleiter vom IS höchstpersönlich über ihnen wohnen.

Bei Mieterversammlungen wurde mir das frühe Aufstehen unter der Woche zum Vorwurf gemacht, ich als eine Art Pete Doherty des Mehrparteienhauses dargestellt und von IM Scheintot und seiner Frau mein Tagesablauf detailliert zu Protokoll gegeben.

Schon lange sahen er und seine Frau mich bei zufälligen Begegnungen im Hausflur an, als hätte ich ihnen heimlich Aids gespritzt. Oder VW-Aktien untergejubelt.

Der komplette Katalog ihres verlebten, ockerbeigen Lebens wurde mir mit wenigen Blicken angelastet.

Nicht ganz unwichtig zu erwähnen:

Abseits dessen, dass besagter Nachbar aussieht wie eine ausgemergelte Version von Uwe Friedrichsen, den 40 Jahre Katasteramt zu einer leguanartigen, leeren, freudlos knisternden Reptilienhülle gemacht haben, ist es vor allem der Nachname des amokanzeigenden Nachbarn, der in der folgenschweren Sendung nicht hätte fallen dürfen. Was er aber tat:

Hackpfanne.[*]

---

[*] Name vom Autor geändert. Der richtige ist aber noch deutlich schlimmer. Echt jetzt.

So einen Namen darf man nicht auslassen. Da hat man auch ein Stück weit Informationspflicht. Zumal man kein Profiler sein muss, um zu ahnen, dass so ein Nachname Anlass genug ist, um in ca. 15 Jahren Kindergarten und Schulzeit die nötigen psychischen Verheerungen anzurichten, auf dass dieser Mann im Anschlussdasein sämtlichen Mitmenschen gehörig auf die Nüsse gehen möge.

Dennoch hätte ich den Namen nicht sagen sollen, denn so geschah es, dass ich aus einer launigen Sendung heraus Herrn Pressfleisch* höchstselbst zu Recht erdoğanisierte. Inklusive Vorladung vorm Landgericht, Löschung der Sendung aus der Mediathek und ebendiesem Schriftsatz der Gegenseite, der mir drei Monate nach der Show ins Haus flatterte.

Eine Art Best of der absurdesten Sätze, die jemals in einer Klageschrift zu lesen waren.

«Es wurde [...] ohne dessen Zustimmung mehrfach dessen Name genannt, [...] ihn sinngemäß als senilen, querulatorischen und den schönen Dingen des Lebens nicht zugänglichen Menschen bezeichnet.»

«Unser Mandant wurde als ein alter Mann in zerbeulter Schlafanzughose beschrieben.»

«Die Sendung ist nicht nur live ausgestrahlt, sondern auch als Pottcast in voller Länge im Internet verfügbar.»

Pottcast. Ganz recht.

Nötigung. Rufschädigung. Üble Nachrede. Final zitiert vors Schmähgericht. Zusammen mit Vertretern des mitangeklagten WDR und dem Mittäter, Tobias Häusler.

14 000 Euro sollte mich der üble Spaß insgesamt kosten. Für das Geld lädt sich ein handelsüblicher katholischer Priester alle drei Teile von ... ach, lassen wir das.

Highlight des 14-seitigen (!) Schreibens war die exakt transkribierte zweiminütige Passage, in der Mettmann* sich erwähnt und seine Ehre verletzt sah.

Das Ganze liest sich wie ein groteskes Theaterstück zwischen M (Moderator, Tobias Häusler) und G (Gast, ich):

M: Dortmund.* Da hast du noch 'ne Wohnung.

G: Da habe ich noch 'ne Wohnung, ja. Also, Herr Gesichtswurst*, der unter mir wohnt, hat nach wie vor manchmal was von mir. Ja, aber selten.

M: Ach, der hört manchmal was von dir?

G: Ja, der heißt wirklich Wurstwasser.*

(Anm. des Autors: Warum ich ohne Not noch einmal auf den Namen des Nachbarn verwies – ich weiß es nicht.)

M: Echt wahr?

G: Ja, er und seine Frau – was für ein Liebesbeweis übrigens, ne? Dass man als Frau sagt: «Nee, du, komm, äääh, ich nehm deinen Namen an. Wie heißt du denn überhaupt mit Nachnamen? Ach, Schw... Oh, uh, das, jaa ... ehm.

Und die wohnen drunter, und er hat sich vor zehn Jahren vorgestellt in so 'nem alten, ausgeleierten Schlafanzug. Der stand bei mir vor der Tür nach zwei Wochen, malmte so mit dem Kiefer, wirklich ... SO:

(Verstellt seine Stimme und ahmt die eines sehr alten, röchelnden Mannes nach. 4 Sekunden schweres Atmen. M lacht.)

«Herr Beisenherz, Schwartemagen* mein Name.»

Da habe ich schon gedacht: Pass auf! So brauchen wir erst gar nicht anzufangen!

(M lacht.)

«Sie gehen zu laut.»

Und dann habe ich schon gedacht, oh, jetzt geht's aber los, du, weil: Ich laufe ja barfuß durch die Wohnung, mache ja nix.

---

* Stadt vom Autor geändert. Warum, ist mir selbst nicht ganz klar.

Ich bin ja nicht mit Knallpömps (M: ja) irgendwie durch die Wohnung gelaufen. Vielleicht ein bisschen Hornhaut unter den Füßen, die so 'n bisschen klackert, aber so viel dann auch nicht.

Und dann ging es aber richtig los, ne. Also, monatelang mit Hausverwaltung und Tests, ob das zu laut ist (M lacht) und Anzeige und Polizei.

(Anm. des Autors: Die Gegenseite hat offenkundig ein gestörtes Verhältnis zu Rechtschreibung und Damenschuhen.)

M: (M lacht) Ich weiß, dass du dich gewehrt hast. Ich weiß es noch. du hast dich gewehrt mit dieser Party!

G: Das stimmt. Zum Dreißigsten.

M: Kannst du das kurz erzählen?

G: Mein Freund Atze Schröder* hat mir Willi Herren gebucht. Ein Running Gag, den wir jahrelang hatten, und dann stand der plötzlich bei mir im Wohnzimmer. Ich bin jetzt nicht unbedingt der große Fan von Mallorca-Ballermann-Musik, aber das war natürlich als Schlusspunkt eines jahrelangen Running Gags perfekt. Und dann stand Willi Herren plötzlich bei mir im Wohnzimmer, und die haben die PA aufgebaut, und es war unfassbar laut. Unfassbar laut. (M lacht) Sogar die Nachbardiskothek hat sich beschwert. (M lacht) Willi Herren hat dann mit Mikro immer reingebrüllt. Zwischenmoderationen und der Name Sülzwurst* kam immer vor, und er sagte, jetzt machen wir noch ein Lied für den Herrn Sülzwurst*. Wenn ich sag: Sülz, dann sagt ihr: Wurst. (M lacht) Sülz! Wurst! Sülz! Wurst!

Ich glaube, der Sülzwurst* hat an dem Abend seine Zunge verschluckt vor Wut.

(Anm. des Autors: An dieser Stelle wird ein Song sanft eingespielt.)

---

* Name vom Autor geändert. So heißt ja keiner.

M: Und ich glaub auch, der Begriff «Sülzwurst»* wurde noch nie auf Joni Mitchell mit «River» gesagt.

G: Das gehört auch eigentlich gar nicht dahin. Ich glaube, Sülzwurst* ist überhaupt nicht in der Lage, so etwas wie Begeisterung für Musik zu empfinden.

51:00: Musik setzt ein.

Eigentlich, wenn einem eine derart hochdotierte Klageschrift ins Haus flattert, müsste man streng genommen erschüttert oder zumindest missmutig sein.

Was soll ich sagen.

Ich habe Tränen gelacht, war kaum in der Lage, den Kollegen im Büro diesen Schrieb vorzulesen.

Nein, wirklich: Meine Blase war kurz davor nachzugeben, wie die komplette erste Reihe im ZDF-Fernsehgarten.

Die #PannemannPapers.

Angezeigt wegen einer verbeulten Schlafanzughose und dessen Träger mit Wurstwaren-Zunamen.

Was für ein grotesker Tiefpunkt einer Schmäh-Karriere, die schon mit der Penispumpen-Affäre um Roberto Blanco ihr Allzeit-Tief erreicht zu haben schien.

Und doch: Ich war gezwungen, mir einen Anwalt zu nehmen.

Ja, ich gebe zu: Ich hatte dieselbe Kanzlei wie Sylvie Meis und Sabia Boulahrouz.

Endlich die langersehnte Gemeinsamkeit.

Mir hatten sie gesagt, es würde nicht zu einer Gerichtsverhandlung kommen.

Sie sollten sich irren.

Ich habe noch nie vorm Landgericht gestanden.

Aber ich habe auch noch nie eine Kolumne mit einem Cliffhanger enden lassen ...

Kein Champagner mehr auf der mittleren Ebene – die Berlinale von innen

Ich habe die Aura des Versehrten.

Anders ist mein Entrée im Hotel nicht zu erklären.

«Herzlich willkommen im Courtyard Marriott, Herr Beisenherz. Wir haben ein schönes Zimmer für Sie. Mit ebenerdiger Dusche.»

Das ist der erste Satz, den ich höre. Freudig vorgetragen, als würde man einem Pädophilen sagen, er hätte einen unverbauten Blick auf das Bälleparadies gegenüber.

Ebenerdige Dusche. Was zur Hölle mache ich für einen Eindruck, dass man mir unterstellt, dies sei die wichtigste Information für mich. Ziehe ich ein Bein nach?

Promistatus: Pflegestufe 2.

Das Hotel ist in Ordnung. Bis auf den Kiosk im Foyer. Statt Minibar.

Immer ein wenig unwürdig.

Ein Rolls-Royce büßt mit Heckspoiler auch deutlich an Klasse ein.

Aber es ist okay. Ich bin ja beruflich hier.

Es ist Berlinale. Eröffnungsveranstaltung.

Die allgemeine Muselmanie hat natürlich auch Europas wichtigstes Filmfestival erreicht.

Terrorwarnstufe. Erhöhtes Sicherheitspersonalaufkommen. Strengste Kontrollen.

Nicht, dass ich mich von der Hysterie würde anstecken lassen.

Ich hab trotzdem statt der schweren Lackschuhe die Sneakers angezogen und Voltaren auf die Achillesferse geschmiert.

Sicher ist sicher.

Berlinale.

Die deutschen Academy Awards. Das stimmt alleine schon deshalb, weil kein Schwarzer heute Abend einen Oscar kriegt.

Davon ab muss auch der alles zersetzende Säuregeist in mir bekennen: Die A-Liga-Dichte Hollywoods ist erstaunlich hoch.

Was man allein an den auf- und abbrandenden Schallwogen der Fans am roten Teppich erkennen kann, deren jeweilige Lautstärke den Marktwert des gerade aus der Limousine Ausgestiegenen zertifiziert.

Meryl Streep, Tilda Swinton oder George Clooney, der am nächsten Tag noch Angela Merkel auf einen Kapselkaffee treffen und sie fragen wird, wie es ist, nur aus PR-Gründen verheiratet zu sein.

Die Coens sind da, um den Eröffnungsfilm zu präsentieren.

«Hail, Caesar!» Die Story um einen großen Star, der plötzlich verschwindet und durch einen debilen Amateur ersetzt wird. So in etwa beschreiben derzeit viele pessimistische Wahlbeobachter die Obama-Nachfolge.

Josh Brolin, Channing Tatum und Clive Owen sind auch gekommen.

Sollte ihre Karriere keine mehr sein, sind sie in ein paar Jahren wieder in der Stadt, um sich einen Inzest-Bambi oder irgendwas anderes Awardishes von den Burdas abzuholen.

Thomas Kretschmann und Jan Josef Liefers – ebenfalls hier und bestimmt froh, schnell reingehen zu können.

Jana Pallaske elft über den Teppich. Sie macht diverse buddhistische Verbeugungen in Richtung der schreienden Fotografen. Ich kenne die Geste von den Stewardessen bei Thai Airways.

Ihre unbedingte Beschlafbarkeit ist leider schon ein paar Baumumarmungen her.

Tragisch.

Lars Eidinger, Teil der Jury, erscheint. Ein großartiger Schauspieler, der häufiger nackt ist als eine durchschnittliche Femen-Mitarbeiterin und zu dessen eindrucksvollsten Performances der letzten Wochen es gehörte, sich auf der Bühne ein Würstchen rektal einzuführen.

Ob Böklunder oder doch eine etwas penetrationsfreudige Kaminwurz, das ist nicht überliefert.

Viele der hier anwesenden, hoffnungsvollen Schauspielerinnen wirken nicht so, als hätten sie große Probleme damit, auch schon vor der Karriere diverse Würstchen im Unterleib verschwinden zu lassen.

(Gut, dass ich diesen Witz los bin.)

Da! Ai Weiwei! Der gefeierte chinesische Dissident und Künstler, in den letzten Jahren zur größten Selfieannahmestelle neben dem schiefen Turm von Pisa und dem Holocaust-Mahnmal gleich hier um die Ecke geworden.

Wenige Tage später, bei der «Cinema for Peace»-Gala, werden er, Mirja du Mont, Wolfgang Joop und andere karitative Shrimpslutscher sich beim Champagnertrinken in goldene Kälteschutzdecken hüllen, um auf die unmenschliche Situation der Flüchtlinge aufmerksam zu machen.

Marc Jacobs Goes Refugee.

Cinema for Peace. And Selfies for Freedom.

Muss man auch erst mal drauf kommen.

Die Eröffnungsfeier ist angenehm kurzweilig.

Meryl Streep wird gefeiert. Lars Eidinger schlägt sich mit einem Mikrophon fast die Zähne aus, bleibt aber vorerst angezogen.

Ein Piet-Klocke-Imitator wird als Bürgermeister auf der Bühne präsentiert, ist allerdings weniger witzig. Schade.

Dieter Kosslick irrlichtert über die Bühne.

Kosslick ist seit 2001 Festivalleiter. 15 Jahre. Als er hier angefangen hatte, haben die Menschen in Berlin noch teilweise Deutsch gesprochen.

Hier ist alles festlich und hochpreisig.

Im Saal wie hinter der Bühne.

Auf der Stabliste:

Oswaldo Kneutz. Selbst die Beleuchter heißen hier wie Attraktionen.

Alle amüsieren sich prächtig und erstaunlich unpathetisch.

Lediglich bei den beeindruckend miesgelaunten Coens weiß man nicht genau, ob die Figur Chigurh aus «No Country for Old Men» eher Joel oder Ethan nachempfunden wurde.

Hinter den Kulissen erzählt jemand, dass das hier der Gang sei, den Clooney immer entlanggehe, «wenn er kurz vor der Bühne noch mal dringend pissen muss».

Kaffee treibt.

Nespresso, what else?

Mitarbeiter haben kostenlosen Zugriff auf eine iPhone-Hülle mit dem Berlinale-Logo. Das erleichtert den Facebook-Freunden später die Zuordnung des Mirror-Sefies.

Oh, die hat das Logo aufm Smartphone – die ist im Inner Circle.

Die Kurzfilmjury, bestehend aus Namen wie Sheikha Hoor Al-Qasimi oder Avi Mograbi, ist nicht anwesend.

Gewiss hat Horst Seehofer kurzfristig interveniert – aus Angst, die Herrschaften könnten das Rückflugticket verfallen lassen.

Die After-Show-Party im Berlinale-Palast.

Alf, mein Verbindungsmann, telefoniert fleißig, um mich in den oberen Bereich zu bekommen.

In den kommt man aber nur mit einem Ausweis mit zwei grünen Streifen.

Er hat einen. Ich einen ohne. Darf aber da sein, weil Alf mich eingepackt hat.

Alf darf auch in den oberen Bereich – nur, dorthin darf er mich nun wirklich nicht mitnehmen, weil:

Da sind Clooney und Co. Oben. Und oben will jeder sein.

Ganz unten ist der Plebs. Gewinnspiel-Sieger, Taff-Gucker oder – jetzt halten Sie sich fest – zahlendes Publikum. Urrgh.

Der Affenfelsen als Party.

Hier bei mir im mittleren Bereich hocke ich zwischen Presserefenten, Kulturressortleitern, Managern, aber auch Daniel Brühl oder Sebastian Koch.

Deutsche Stars mit Hollywood-Hautgout. Offenbar, um sich volksnah zu geben.

Anders kann ich mir ihr Verweilen in Mittelmaßerde nicht erklären.

Marie-Luise Marjan ist ebenfalls anwesend. Das kann ich mir schon eher erklären.

Freudig erregt matroniert sie an mir vorbei zur Moderatorin des Abends.

«Anke! Können wir ein Foto machen?»

Zu meiner Zeit hatte sich Mutter Beimer nur für Spiegeleier interessiert – jetzt ist sie bei Instagram. Und macht den notorisch hastigen Festivalleiter in Abwesenheit zum Partner in Crime.

«Dieter lädt mich ja immer zur Berlinale ein. Er sagt mir immer ‹You are my special guest›.»

Holla. Es scheint, Kosslick, der Fuchs, liebt diese teutonische Löwin, die mit der Geschmeidigkeit einer Mure zwischen den Gästen entlangschiebt. Special interest.

Wahrscheinlich würde dieser Begeisterungssupertanker das sogar Kim Jong-un sagen. Und irgendwie stimmte das ja auch.

Die Location ist toll. Aber die Party hebt nicht ab. Der DJ begreift das Ganze wohl als eine Art Installation und spielt zur kunstvollen Illumination des Saales «Cherry Blossom» von Matthew Halsall. Tolles Jazzstück.

Wer allerdings dazu tanzt, der twerkt auch zu den Gehry-Häusern.

Woanders legt Lars Eidinger auf und hat zu diesem Zeitpunkt bereits die Hosen runter. Fakt.

Ich stehe an der Theke, als der folgenschwere Satz des Barkeepers fällt:

«Kein Champagner mehr auf der mittleren Ebene.»

So ähnlich muss es in den letzten Stunden auf der Titanic gelaufen sein.

Nur mit flotterer Musik.

Robert Stadlober ist da. Er läuft rum wie Robert Stadlober.

Überdies die üblichen Verdächtigerinnen, die die nächsten 11 Tage Berlinale nutzen werden.

Sei es als Kontaktbörse, Jobcenter – oder auch nur als Berlins prominenteste Wärmestube.

Wie jedes Jahr.

Geborgenheit im Ritual.

Ich frage mich: Wenn junge Schauspielerinnen dringend Produzenten kennenlernen wollen – warum fragen sie ihren Chef nicht nach einer extra Service-Schicht im Restaurant?

Nur wer beharrlich ist, ist gipfelfähig, sagt Alf.

Und Alf ist ein kluger Mann. Außerdem ein super Typ.

Deshalb verlasse ich wie er die Party, als um 0 Uhr 26 auch noch der Wein alle ist.

Also, auf der mittleren Ebene.

Wer oben ist, für den kennt der Spaß keine Versorgungsengpässe.

Da mir aber noch das Fell juckt, fahre ich auf zwei, drei Scheidebecher rüber zur Berlinale-Party der *Gala*.

Die erwartungsgemäß verläuft.

Im Eingang begrüßt mich eine mir bekannte *Bild*-Society-Reporterin.

In Millisekunden bin ich passiver Teil eines gemeinsamen Selfies. Welches ca. 17-mal wiederholt wird, weil der Filter partout nicht das Optimum rausholen will.

Dass der bärtige Typ neben ihr auf jedem Bild aussieht wie der betrunkene Bruder des einäugigen Talibans, den man vor kurzem in Islamabad kaputtgedrohnt hat, scheint für die Qualität des Fotos nicht weiter erheblich zu sein.

Neben mir die unvermeidliche Sponsorenwand. Davor ein Soapdarsteller oder unehelicher Ochsenknecht-Sohn, irgendsowas halt, imitiert unablässig das, was er für einen österreichischen Akzent hält, um irgendwen von Promiflash glücklich zu machen.

Ich wünsche beiden Glück.

Dann kommt Verona Pooth. In einem Kleid, das heftiger gekürzt wurde als jeder Etat in Berlin. Man kennt sich.

Und sie ist sehr nett. (Alleine schon deshalb, weil Bohlen sie hasst.)

Kaum stehen wir zusammen, machen wir ein gemeinsames Bild für irgendeine Fotografin. Das geht hier wohl immer so.

Was nicht abgelichtet wurde, ist nicht geschehen.

Verona und ich.

Da geht der Grimme-Preis.

Ein sehr betrunkener Mann mittleren Alters (also vermutlich mein Jahrgang) labert mich voll. Ich möchte mich abwenden.

Dann steckt er mit seine Visitenkarte zu.

Gutes Material. Erhabene Schrift. In Gold.

Er ist Physio. In meiner Stadt.

Gut, komm, fünf Minuten kann man sich ja mal unterhalten.

Die Achillesferse ist meine ...

... wie heißt das, wenn man eine Schwachstelle hat?

Ein deutscher Mittelklasse-Schauspieler, bekannt aus der *Gala*, tanzt ausgelassen. Er trägt eine Hose, deren Schlag schon oben am Bund beginnt und die dafür bereits über dem Knöchel endet.

Der Physio könnte ihn also problemlos gleich hier behandeln.

Dazu trägt er ein kurzärmeliges orangenes Seidenhemd, das Mister Myagi getragen haben muss, als er Karate Kid zum Zaunstreichen geschickt hatte.

Mutig. Klamotten sind kein Schicksal, sondern eine aktive Entscheidung.

Die Musik ist konsensfähig, rechtfertigt aber keinesfalls den ausgelassenen Tanz des eskalationsaffinen Publikums.

Die Ersten sind bereits barfuß, ein Kinostar aus der zweiten

Reihe mit wussowbraunem Haar beendet die Rappelanbahnung mit einer jungen Frau, weil die Angepeilte in Österreich wohnt und ihm etwaige telefonische Folgekosten ins Ausland zu hoch sind.

So etwas hätte man von Steve McQueen nie gehört.

Der hatte allerdings auch kein Handy.

Ich schmeiße ein Glas um.

Das international überall verständliche Zeichen für:

Ich geh jetzt besser.

Sollten die anderen auch tun. Sie bleiben.

Noch ist auch nicht jede Exaltiertheit dokumentiert.

Der koitale Verteilungskampf noch nicht beendet.

Nacht.

Ich erwache morgens neben einer Dose Pringles und einer Flasche Pepsi light. Ein wenig so, wie ein Glas Clausthaler und einen Cognac bestellen, ich weiß.

So in etwa fühle ich mich auch.

Aus dem Spiegel blickt mich Marty Feldman an.

Die Fresse könnte nicht einmal ein Selfie mit der Berlinale-iPhone-Hülle retten.

Noch nie war ich für die ebenerdige Dusche so verdammt dankbar.

Auf der unteren Ebene angekommen.

Gipfelfähig, my ass.

Das Leben – ein Scheiterhaufen

Es ist an der Zeit zu sagen:

Ich bin ein Versager. Immer wieder.

Ich tue das nicht, weil ich heute Geburtstag habe und man ab 40 generell die Summe seines Scheiterns wie einen emotionalen Kassensturz überschlägt.

Vielmehr drängt sich die Frage auf, wie wir alle damit umgehen und wozu es gut ist.

Es ist Fußballweltmeisterschaft, die internationale Leistungsschau.

Kaum zeigte die deutsche Elf Schwächen, fiel das ganze Land über sie her wie über ein waidwundes Tier. Die Nation zerfiel in einen zeternden Haufen. Dem Fußballfan, der privat womöglich alles andere als einen Lauf hatte, fehlte mit den unfehlbaren Adlern plötzlich das Identifikationsmoment.

Wir richten uns gerne auf an den Starken. Aber wer immer nur stark ist, wird auch unnahbar.

War (Fußball-)Deutschland nicht am sympathischsten, als es im Sommer 2006 plötzlich verlor? Näher war diese Ansammlung vermeintlicher Androiden dem Rest der Welt nie wieder.

Ich weiß nicht, ob ich es absichtlich tue (eher nicht), aber ich erzähle – speziell, wenn ich Leute neu kennenlerne – gerne von den letzten Fehlleistungen.

Die Wohnung, die sich aufgrund meines unkundigen Blickes als Flop herausstellen sollte und mich zum erneuten Umzug zwingt, das Umkippen mit dem Stuhl in einem vollen Restaurant, das Fettnäpfchen, in das ich mich zuletzt wieder mit Schwung geschmissen habe.

Meine Konfliktunfähigkeit. Mein nichtvorhandenes Talent zu verhandeln.

Keine Ahnung, ob unsere Zeiten wirklich so anders sind als früher. Klar, mit den Instagram-Accounts und Perfektionswettläufen in sozialen Netzwerken mit all ihren Blendgranaten und Photoshoppingqueens liegt der Verdacht nahe, zu glauben, schlimmer wäre der soziale Druck, den perfekten Auftritt zu haben, nie gewesen.

Aber waren die Siebziger mit dem Bauspar-Prilblumen-Triathlon aus Haus-Auto-Kinder nicht auf ihre Art genauso grausam? Ging es nicht immer darum, dem Gegenüber eine bessere Wirklichkeit zu suggerieren?

Wird ein Klassentreffen nicht erst ab ca. zwei Uhr nachts interessant? Wenn der Alkohol bei allen diesen Krampf löst, fehlerlos zu sein, und der Erste mit einem «Meine Ehe läuft beschissen und ich hasse meinen Job» für eine massageähnliche Relaxanz sorgt.

Ich habe einen Freund, bei dem ich fest davon überzeugt bin, dass er mich am liebsten in der Phase meines Lebens mochte, als es mir schlechtging.

Das ist gar nicht böse gemeint. Es ist menschlich.

Wollen wir dem Gegenüber einen Gefallen tun, dann scheitern wir. Es hat so etwas Beruhigendes. «Guck. Dem ist das auch passiert.»

Setzen Sie sich mal in eine Runde von Mittdreißigern und sagen den Satz: «Wir können keine Kinder bekommen. Wir versuchen alles. Es klappt nicht.» Sie werden sich vor Zuneigung nicht retten können. Das Bekenntnis der eigenen Fehlbarkeit ist die Klinke, die die Tür des Gegenübers öffnet. Warum sollte man ein wenig Persönliches bei Ihnen einzahlen, ohne dass Sie in Vorleistung gehen.

Man darf immer Angst vor dem Versagen haben, aber man sollte nie Angst davor haben, vom eigenen Versagen zu berichten.

Hab ich Existenzängste? Bin ich aufgeregt vor neuen Jobs? Fürchte ich Haarausfall oder einen fetten Hintern? Raus damit!

Haben Sie je eine interessante Biographie gelesen, in der es nicht vornehmlich darum ging, die Summe der Irrtümer und Fehler aufzulisten?

Ein Freund von mir, eine Art publizistischer Hansdampf und Entrepreneur des Wahnsinns, hält sehr erfolgreich Vorträge.

Titel «Auf die Schnauze fallen ist auch eine Vorwärtsbewegung».

Schöner kann man es nicht sagen, und hey: Jesus wurde auch erst populär, nachdem es erst mal richtig schiefgegangen ist.

Die Gesellschaft ist ein Scheiterhaufen.

Sie sollte nur so ehrlich sein, das auch zuzugeben.

Chantré – die Reklamation

Immer wieder gern erinnere ich mich an die Chantré-Reklame aus den 80ern.

Sagt sie doch viel aus über das damalige Beziehungsmodell und zeichnet zudem ein zutiefst deutsches Gesellschaftsbild.

Da kommt also der Mann nach Hause in seine Eicherustikalhölle.

Die Frau hat natürlich schon den ganzen Tag daheim auf ihren Höchstleister gewartet und alles so weit behaglich gemacht.

Im Hintergrund läuft Richard Clayderman.

Er hat den ganzen Tag schon gebuckelt und natürlich nix Besseres zu tun, als den Druck direkt nach unten, also an sie weiterzugeben, indem er ihr aufträgt, gefälligst Chantré zu besorgen, weil – Obacht! –:

«Der Chef kommt zu Besuch.»

Der «Chef» war damals noch so etwas wie ein gutmütiger Sklaveneigner, Jugendamtsleiter und Großvater in einem, hatte also ein Anrecht darauf, auch ohne Schlüsselgewalt einfach plötzlich im Wohnzimmer der Leute aufzutauchen und Weinbrand beziehungsweise Kaffee zu trinken (siehe dazu auch Albert Darboven / Idee Kaffee).

Es war also sehr wichtig, einen guten Eindruck zu machen, um künftige Einbußen in Sachen Lebensqualität zu vermeiden, mindestens aber eine Gehaltserhöhung für den Freizeitpark Efteling rauszuschmieren.

Brav lächeln, loben (Chef natürlich mehr), Fusel einschenken.

In der Folgeszene hat das brave Frauchen den kostbaren Weinbrand also herangeschafft, der Boss macht einen zufriedenen Eindruck und schwenkt das edle Destillat, begleitet von einem gönnerhaften «Mhmmmm ... Chantré, mein Lieblingsweinbrand».

Erleichterung beim Mann. Viel mehr noch bei der Frau, die bei Nichtgefallen mit einem dreifachen Kellertreppensturz, zumindest aber mit blauen Flecken unterhalb der Rollkragenlinie hätte rechnen dürfen.

Wohlgefallen allerseits.

Um ihn als Connaisseur ersten Ranges auszuzeichnen, bohrt sich der Ehemann raketenwurmartig noch tiefer ins Rektum seines Arbeitgebers.

«Ooooooh», heuchelt er Erstaunen, «am Geschmack erkannt?»

Das plumpe Kompliment zündet.

Der Chef – nicht ein Jota schlauer als sein Untergebener und lediglich durch das Speichelleckernachobenundnachuntentretersystem und zweimal rechtzeitig Aufzeigen zwei Etagen höher als der Fragesteller gespült – fällt tatsächlich auf die Frage herein und entblödet sich nicht, den Edelgaumen zu geben.

«Mein Lieblingsweinbrand.»

Lieblings ... weinbrand.

Jedes normale Gegenüber wäre hier gestorben vor Lachen und Verachtung, ist Weinbrand selbst für weniger verhornte Synapsen kaum besser als das, was man als blaue Flüssigkeit am Boden frisch gereinigter Dixi-Klos bestaunen kann.

Genauso gut hätte er von seiner Lieblingsbeschneidung oder der favorisierten Hisbollah-Dependance schwärmen können.

Ein Polyesterhirn wie das des Zweigstellenleiters aber ist dann wohl doch zu sehr verführt von der Vorstellung, bei seinem Adlatus als so etwas wie ein Kosmopolit durchzugehen.

Angebrachter wäre es natürlich gewesen, die Frage korrekterweise zu beantworten mit:

«Nicht am Geschmack, du Tonto. Nur ein elendiger Arschkriecher wie du konnte es fertigbringen, mir so ein frühzeitliches E10 in einem ausgespülten Senfglas darzureichen und auch noch SEL-BER zu glauben, mir da tatsächlich etwas Kostbares hingestellt zu haben.»

Gut, sind wir ehrlich:

Der Spot wäre heutzutage schon daran gescheitert, dass der Weinbrand nicht glutenfrei ist, der Mann keinen Chef mehr hat, sondern in einem Szenecafé mit dem Blag und dem Notebook auf dem Schoß freiberuflich an vier uneinträglichen Projekten herumstartupt.

Die Lebensgefährtin schreibt an ihrem Arbeitsplatz in der Agentur nebenbei ein wesentlich einträglicheres Kinderbuch, während sie sich dann und wann ein wenig 43er in die Thermoskanne mit Chai-Tee kippt.

Bevor sie heimlich den Chef datet.

Ach, die 80er waren auch schön.

Darauf einen Dujardin.

Die City Cobra vom Gänsemarkt

Ich bin mir sicher, ich bin mit dem meistgehassten Mann Hamburgs befreundet.

Ganz nebenbei ist er auch der kauzigste. Sitzen wir in unserer allsamstäglichen Runde im Café beisammen – er ist natürlich der Erste im Laden, der für uns acht Leute mit dem Eifer von Leonidas in «300» die Plätze sichert –, kann ich genau erkennen, wann der Punkt gekommen ist, an dem Andi die Kakophonie in diesem Szeneladen schlichtweg zu viel geworden ist.

Ein Kindergeschrei zu viel, ein Säugling auf dem Boden robbend, über den er auf dem Weg zur Kuchentheke fast stürzt, ein Hipsterpaar, das zu laut auf Englisch über die entspannten Einheimischen redet – und er zieht ein Gesicht wie Putin beim Anblick einer Schwulenparade.

Kurz: Er hat nichts gegen Veränderungen, solange alles bleibt, wie es ist.

Seit einiger Zeit macht er eine erstaunliche Metamorphose durch. Die Veranlagung dazu war immer schon da, jetzt allerdings bricht sich seine wahre Bestimmung Bahn:

Er wird zum Ein-Mann-Meldeamt oder, um es genauer zu sagen: Er meldet alles, was nicht bei drei den Ton leiser dreht.

Waren es früher mal gelegentliche nächtliche Ausflüge, um in der Nachbarschaft allzu laut feiernde Hedonisten auf den verdienten Schlaf der etwas weniger Partyambitionierten hinzuweisen, ist der Mann mittlerweile auf einer Mission. Kurz: Er schiebt mittlerweile mehr Nachtschichten als Batman.

Würde man seine Aktivitäten wie im Fußball mit einer Heatmap abbilden, dann wäre es rund um den Gänsemarkt knallrot. Mehr Kilometer hat selbst Bastian Schweinsteiger in seinen härtesten Partien nicht gemacht. Das nötigt mir auf eine seltsame Art und Weise Respekt ab. Wir alle sind sicher, wo früher noch eine Fete vonnöten war, um ihn mit mahlendem Kiefer aus der Wohnung Richtung Versammlungsort zu bewegen, reicht ein zu lautes Flap-Flap eines Flip-Flop hinter dicken Betonwänden in zwei Kilometer Entfernung.

Ein zu lautes Lachen um einen fremden Esstisch, und er steht im Bett, senkrecht wie ein Erdmännchen zur Fütterungszeit.

Noch ist nicht überliefert, ob er bereits in zu lauten Koitus hat eingreifen müssen – es kann aber nur eine Frage der Zeit sein, bis er aus seinem Wohngebiet einen verkehrsberuhigten Bereich gemacht hat. Und sei es nur, weil die zum möglichen GV führende Party bereits in der Entstehung von ihm abgewürgt wurde.

Dabei ist er dem Vernehmen nach hart, aber gerecht. Bei ihm kriegt jeder eine Chance.

Beim ersten Mal kommt er noch allein und bittet, die Geräusch-belästigung auf ein erträgliches Maß zu reduzieren. Geschieht das nicht, rücken seine Kollegen, die Cops, an.

Ja, er bezeichnet sie bereits als Kollegen.

Die Raffaello-Insel, die Bacardi-Insel, das fröhlich feiernde Schiff aus der Beck's-Reklame – mit ihm in der Nachbarschaft alles eine Ruhezone.

Wer sich so verhält, der muss mit einem Spitznamen leben. So wurde aus ihm schnell die City Cobra. In Anlehnung an den nicht gerade überintellektuellen Klopperstreifen von 1985, in dem Sylvester Stallone auf dem Höhepunkt seiner Stumpfsinnigkeit als Ein-Mann-Armee in der Stadt aufräumt. Dabei entfahren dem italienischen Steroidosaurus Sätze für die Ewigkeit wie «Du bist die Krankheit und ich die Medizin».

Vor ein paar Wochen schien Andi noch mit einem solchen

Namen zu fremdeln, jetzt aber hat er sich mehr als nur daran gewöhnt.

Was man unter anderem daran erkennt, dass er nachts um 1 Uhr 08 plötzlich Dinge postet wie «Die City Cobra hat wieder zugeschlagen».

Da hat einer seine Rolle gefunden.

Wir überlegen jetzt, ob wir ihm ein kleines Bürgerwehr-Starter-Kit schenken.

Mit Gürtel. Bauchtasche. CS-Gas, Pfefferspray und 'nem eigenen Ausweis.

Gib dem Deutschen 'ne Uniform, und er rastet aus. Wer dafür Beweise braucht, darf gerne mal das Kontrollpersonal in Straßenbahnen sprechen.

Muss man sehen.

Eventuell tut es aber auch so ein Scheinwerfer, den wir auf einem Hausdach anbringen, um im Bedarfsfalle die Silhouette einer Schlange an den Himmel zu projizieren.

Man will ja wissen, wann man gebraucht wird.

Nun muss man festhalten, dass Deutschland für meinen manischen Freund und seine Neigungen das perfekte Biotop sind. Hier werden ganze Altstadtfeste nach 341 Jahren gekippt, weil ein Mittfünfzigerpaar in die Nähe des Festplatzes gezogen, denen so eine Bryan-Adams-Coverband einfach zu laut ist.

Vermutlich kann nur in Deutschland sogar jemand die Reeperbahn stilllegen, weil er nach dem Einzug auf dem Hans-Albers-Platz festgestellt hat, dass auf St. Pauli teilweise Nutten sind.

Die Rolle hat vollständig von Andi Besitz ergriffen.

Hängt er übermüdet in der Morgenrunde in seinem Stuhl und man spricht ihn auf seine Übermüdung an, kommt ein chucknorriseskes «Die Cobra schläft nicht, sie kühlt aus».

Fragt man ihn nach seiner Lieblingsserie, kommt wenig überraschend «Der Equalizer». Wenngleich er den in der Rückschau zu soft findet.

Natürlich.

Hatte ich bereits erwähnt, dass seine Lebensgefährtin noch niemals auch nur irgendein Geräusch gehört hat?

Wir alle wissen nicht genau, wie es mit Andi weitergehen soll. Die Ersten wollen ihn bereits tagsüber im Einsatz gesehen haben. In fremden Gärten, wo er auf die Mittagsruhe verweisend einem Fremden in den Rasenmäher griff.

Abgesehen davon, dass es die klassische Mittagsruhe nicht mehr gibt – der Garten war in einem anderen Stadtteil.

Es ist ein neuer Sheriff in der Stadt.

Oder wie die City Cobra ganz richtig sagt:

«Irgendwo ist immer jemand zu laut.»

DIE AUSBÜCHSE

Die Moral-Schufa –
die Yelp-Nation China

Jeder, der schon einmal gezwungen war, aus einer S-Bahn aus- oder in ein Flugzeug einzusteigen, wird den Traum von einer besseren Gesellschaft schnell aufgegeben haben.

Was aber, wenn respektvoller Umgang und rücksichtsvolles Verhalten nicht nur ein nettes Accessoire sind, sondern ernsthaft über Kreditwürdigkeit oder einen Platz im Zugabteil entscheiden?

Wenn Sie diesen Text lesen können, weil Sie heimlich bei Ihrem Nachbarn WLAN schnorren, fehlen Ihnen bereits jetzt 5 Punkte.

Ich sag's nur vorweg.

Der Chinese als solcher taugt natürlich hervorragend für billige Witze irgendwo zwischen Kopierer und Hundefutter. Vielmehr aber ist China zur Glaskugel geworden, die uns einen Blick in die Zukunft erlaubt. Und die ist in etwa so sonnig wie der Himmel über Peking.

Gestern Abend noch erzählte mir der China-Korrespondent des *Stern* beim Essen – ohne dass man im Westen groß Notiz davon genommen hätte – von einem ziemlich spektakulären Pilotprojekt, welches die Regierung des Reichs der Mitte in rund 30 Städten gestartet hat.

Städte wie Rongcheng (mit rund 600 000 Einwohnern in etwa so groß wie z. B. Dortmund), die gemeinsam mit einer App an dem «ehrlichen Menschen» arbeiten.

Die Grundlage dafür bildet ein Punktesystem.

Jeder Mensch hat 1000 Punkte auf seinem Konto.

Je nachdem, wie er sich verhält, kann er also im Ranking steigen oder heftig absinken.

Von A A A bis runter zu D.

Triple A belohnt vorbildliches Wohlverhalten dahingehend, dass man zum Beispiel auf einem Leihfahrrad stundenlang gratis fahren kann. Natürlich ohne Kaution zu hinterlegen – man ist ja offenkundig ein guter Mensch.

Die Kategorie D hingegen kann teilweise nicht mal mehr 'nen Flug buchen, darf sich aber sicher sein, künftig noch schärfer überwacht zu werden – schließlich gilt man für alle einsehbar als unehrlich.

Wie komme ich also an meine Punkte?

Die Eltern zu besuchen zum Beispiel kommt gut. 5 Pluspunkte.

Bücher rechtzeitig zurückbringen. 5 Pluspunkte

Den Alten helfen, sie zum Arzt bringen. 5 Pluspunkte.

Minuspunkte bringen Dinge wie Schneeschaufeln vergessen, Müll auf die Straße werfen oder bei Rot über die Straße gehen – dank Kameras und Gesichtserkennung ist das Ticket eh oft schneller zu Hause als man selbst.

Nur, dass man jetzt nicht mehr nur gleichgültig bezahlt. Nein, jetzt wird es ernst, denn du als Mensch wirst runtergestuft.

Deine sittliche Bonität nimmt Schaden.

Es ist eine Zukunftsvision, die Gesellschaft, die schon jetzt nach dem Kodex einer Art Moral-Schufa lebt und bereits 2020 flächendeckend das chinesische Volk erziehen soll.

Was nicht ganz stimmt, denn: Die Menschen erziehen sich gegenseitig, maßregeln sich und machen zur Not Meldung, wenn es denn sein muss.

Wobei mir jetzt gerade nicht bekannt ist, ob die Mitteilung über Fehlverhalten eines anderen zusätzliche Punkte bringt – oder eine Petze sogar welche abgeben muss.

Was bei einem repressiven Regime wie dem chinesischen aber unwahrscheinlich sein dürfte.

Ein Staat, in dem der Begriff «Vertrauen» in etwa so geläufig ist wie der TÜV.

Ich bin gemeinhin ein recht stumpfer Geselle. Dies alles aber hat mich doch etwas erschaudern lassen.

Eine bereits reale Dystopie, irgendwo zwischen George Orwell, Charlie Brooker und irgendwas von Xavier Naidoo.

Mich hat es damals schon erschreckt, als ich bei meinem ersten Australien-Besuch feststellen musste, dass man Down Under sich als Volk freiwillig zum Tragen von Fahrradhelmen verpflichtet hat und du an jedem öffentlichen Ort mehr Verbote findest als tödliche Tierarten. Und das will dort was heißen.

Ein netter australischer Bierfreund erklärte mir damals, dass die Aussies das als eine Art freiwillige Selbstkontrolle bräuchten, da sie sich ohne Verbote gegenseitig besoffen die Schädel einschlagen würden.

Das leuchtete mir ein.

Vielleicht auch deshalb die Helmpflicht.

Ja, der Mensch ist des Menschen Wolf, schon klar.

Und kein Mensch ist von Natur aus gut.

Schon immer war eine übergeordnete Strafinstanz vonnöten, um Schlimmeres zu verhindern. Egal ob Gott, Allah oder das Grundgesetz.

Ansonsten wäre es einfach zu verlockend zu sagen: «Das Auto von dem Heinz von nebenan gefällt mir. Ich glaub, ich klopp dem die Hirse zu Brei und nehm das selbst. Top! So mach ich's!»

Ich bin kein Sinologe, womöglich ist es anders kaum möglich, ein Milliardenvolk anders zu lenken oder zu disziplinieren.

Sind wir ehrlich: Höflichkeit zum Beispiel ist ein Luxusartikel unserer westlichen Zivilisation, der einzig und allein auf ausreichend Raum für jedermann basiert.

Wie schnell dieser dünne Firnis an Benimm reißen kann, sehen wir regelmäßig bei jedem Einstieg in öffentliche Verkehrsmittel, bei Media-Markt-Eröffnungen oder an Primark-Grabbeltischen.

Also vielleicht doch eine Gesellschaft, in der die Menschen in einer Art stillem Wettbewerb nett, freundlich und rücksichtsvoll sind?

Müll trennen. 5 Pluspunkte.

Auf dem Weg zur Arbeit Menschen im Auto mitnehmen. 5 Pluspunkte.

Einen Flüchtling beherbergen. 5 Pluspunkte.

Klingt doch erst mal gut. Wenngleich ich auch Menschen kenne, die ohne weiteres höhere Versicherungsprämien oder teurere Flugtickets in Kauf nehmen würden, nur um nicht ihre Eltern besuchen zu müssen.

Sind wir nicht ohnehin schon eine Gemeinschaft von Menschen, die sich pausenlos bewertet, liked oder rankt?

Bringen wir einen Ebay-Artikel nicht schneller zur Post in der Hoffnung, eine gute Bewertung zu bekommen?

Drängen wir uns nicht immer wieder auf ein Foto mit einem Instagram-Höchstleister, um von dessen Follower-Ruhm zu profitieren?

«Lassen Sie mich durch, ich bin Arzt.»

Und wenn wir uns da schon kaum noch frei fühlen, so ist mir das chinesische Modell zutiefst unheimlich.

Wir argwöhnen ja schon und unterstellen dem Amerikaner unterschwellig einen flachen Charakter, nur weil er stets oberflächlich freundlich ist.

Als sei oberflächliche Unfreundlichkeit der Ausweis größerer Tiefe.

Uns droht ein Frankenstein aus Payback- und Karmapunktekonto.

Am Ende halte ich sogar die Freiheit, ein Arschloch zu sein, für mehr wert als ein enges Korsett des Wohlverhaltens.

Ich will nicht dem Busfahrer Trinkgeld geben oder fremde Hundekacke vom Bürgersteig entfernen, nur um mich aus dem Moraldispo zu freundeln.

Lieber träume ich davon, dass die Menschen aus sich selbst heraus gut und hilfsbereit sind.

Auch wenn die Vorstellung reizvoll ist, dass Maschmeyer oder Bohlen nicht mal mehr mit dem Regionalexpress fahren dürften.

Welche Freiheit geben wir bereits jetzt auf, wenn wir irgendwelche Armbänder tragen, die unsere Vitalfunktionen tracken – bis irgendwann die Versicherung anruft und ankündigt, die Krankenhauskosten nicht zu übernehmen. Man kann ja sehr gut sehen, dass man sich die letzten Jahre weniger bewegt hat als das Matterhorn.

Und nehmen wir mal an, dass die Chinesen in der Regel recht gleichgültig sind. Was bitte schön ist erst einmal los, wenn dieses Punktesystem das Eldorado des Denunziantentums, Deutschland, erreicht.

Ein Land, in dem Du keine zwei Minuten irgendwo stehen kannst, ohne dass irgendein Typ in einer Cargohose vorbeikommt, um dir zu sagen, dass du hier nicht sein kannst.

Um Gottes willen.

Schon jetzt scheinen soziale Netzwerke nur noch dazu da zu sein, damit Screenshots von verbalen Unglücken oder gar Entgleisungen gemacht und zur allgemeinen Empörung entsprechend weiterveröffentlicht werden.

Kaum lässt du deine Kinder mal mit der AK-47 im Garten spielen, ruft der Nachbar schon das Jugendamt an.

Wäre aber selbst das noch irgendwie zu ertragen, was aber – und da kommen wir wieder zurück zum Ausgangsregime –, wenn der politische Wind sich dreht?

Wer legt fest, welches Verhalten «ehrlich», «freundlich» und «moralisch» ist?

Unpatriotische Filme schauen. 5 Minuspunkte.

Regimekritische Nachbarn besuchen. 10 Minuspunkte.

Einen Flüchtling beherbergen. 20 Minuspunkte.

Vielleicht gibt es auch keine Punkte, sondern einfach nur einen Stern. Im Zweifel auf der Brust.

Freundlich lächelnd in den Käfig.

Vielleicht machen die Chinesen doch erst mal ohne uns weiter.

Ganz ehrlich: Im Grunde genommen bin ich natürlich nur dagegen, weil ich das «Was ist Was»-Dinosaurier-Buch, das ich mir 1984 im Kolbe-Haus geliehen habe, nie zurückgebracht habe.

Kolumne zu Ende gelesen. 5 Punkte.

PS: Vielen Dank für das inspirierende Gespräch, Janis Vougioukas. Außerdem war der interessante Artikel von Kai Strittmatter in der *SZ* die 1,99 Euro «Rechercheaufwand» mehr als wert.

Prost von Beisi: Lieber Bär Läsker

Lieber Bär Läsker,

zunächst einmal eine Frage: Wie sehr ist einem Veganer zu trauen, dessen Spitzname zu 100 % aus Tier besteht, hm?

Aber auch ein Kompliment: Sie denken schön quer.

Das muss man ja erst mal schaffen: Die Bilder zu sehen, wie Frank Zander 3000 abgerissenen, durchgefrorenen Obdachlosen bis zur Sehnenscheidenentzündung Weihnachtsgänse mit Klößen serviert – und das Erste, was einem dabei in den Sinn kommt, ist: «So ein Arschloch! Kredenzt da tote Tiere statt veganer Buletten! Dem geige ich jetzt bei Facebook die Meinung!»

Sitzt da als Tofuwurst faul und bräsig in irgendeinem Hipster-Loft, nachdem er gerade mit dem Q8 vom Bio-Markt gekommen ist, und gibt vom Sofa dem rührigen Mittsiebziger kostbare Instruktionen, wie das mit der tierbefreiten Nächstenliebe denn gefälligst zu laufen habe.

Die Nerven muss man haben.

Klar, man könnte theoretisch auch selbst den teigigen Arsch hochkriegen und helfen, aber hey: Der moralische Stellungskrieg wird heutzutage ja von der Tastatur aus geführt. Facebook ist 'ne bequeme Kanzel. Und draußen is kalt.

Wobei: Vielleicht ist es besser, wenn Sie einfach zu Hause bleiben – ansonsten nehmen Sie den Obdachlosen noch wutentbrannt die Daunenjacken weg.

Den Witz, dass die bei Ihrem Weihnachtsessen die Tannen fressen müssten, erspare ich Ihnen und uns.

Was ist eigentlich bei Ihnen schiefgelaufen, Mann?

Ist doch an sich 'ne gute Sache, wenn man so schön abgenommen hat und nicht mehr mit Bockwürsten in der Cargobuxe durch Stuttgart laufen muss.

Das freut mich für Sie.

Warum aber muss man plötzlich allen anderen auf die Eier gehen?

(Sorry, in dem Satz war Ei drin, ich weiß.)

Gut, wer in der Lage ist, für «Der Picknicker» eiskalt Prozente zu kassieren, dem ist zunächst einmal alles zuzutrauen.

Nix für ungut: Auf meiner Facebook-Seite wird ebenfalls wahnsinnig viel Schwachsinn verhandelt (vornehmlich von mir selbst), dafür aber wenigstens nicht ganz so monothematisch.

Ihr digitaler Showroom ist wie ein Snuff-Film-Fauna-Festival.

Da werden Küken geschreddert, Schweine geschlachtet und Pelztiere gequält, dass sich selbst Chinesen mit Grausen abwenden würden.

Ein Splatter-Stakkato der Tarantino-Stufe vier.

(Wobei Tiere bei dem für gewöhnlich besser wegkommen als Menschen.)

Klar, natürlich ist das die brutale Wahrheit hinter unserem explodierenden Konsum, aber: Muss man sich AUSSCHLIESSLICH damit befassen?

Und, wenn man doch schon so einen missionarischen Eifer hat: Wäre es dann nicht schlauer, diese brutalen Fakten im Sinne der Aufklärung häppchenweise zu servieren, anstatt sie dem arglosen Facebook-Konsumenten mit dem Trichter reinzuwürgen, bis der sich selbst schon wie eine Stopfgans vorkommt?

Machense doch mal 'nen Witz zwischendurch.

Oder posten ein schönes Selfie.

Macht Attila Hiltmann doch auch.

Und der ist echt total schön.

Unangenehme Wahrheiten muss man schonend unterrühren – so wie bei 'nem guten Gulasch oder einer Paella, die ... okay, schlechtes Beispiel.

Das wirklich Ärgerliche an selbstgefälligen Soja-Salafisten wie Ihnen ist, dass sie eine an sich gute Sache durch ihren ernährungsfundamentalistischen Übereifer komplett verraten.

Fast wartet man darauf, dass sich der Vorsitzende des Zentralrats der Veganer von Ihnen distanziert.

Sie sind so ein Typ wie ... tja, wie sage ich das jetzt ...

Es ist ein bisschen so, als wolle man einen Freund für Rockmusik begeistern, und der Einzige, den man als Galionsfigur präsentieren kann, ist Chad Kroeger von Nickelback.

Ja, genau: Sie sind der Nickelback der Veganer, jetzt hab ich's.

Es ist doch nix gegen Veganismus einzuwenden. Viel mehr noch: Es ist gut, sich Gedanken zu machen, wie man sich ernährt, ob der eigene (Fleisch-)Konsum wirklich sein muss und welchen guten Vorsatz man heute wieder bricht.

Hätte, hätte, Nahrungskette.

Verfickte Scheiße, ey, wenn man liest, dass der sinistre Wurstbaron Tönnies pro Jahr 16,4 Millionen (!) Schweine und 405 000 Rinder schlachtet, wird einem nicht nur im Hinblick auf die Haltung der Tiere übel (im Hinblick auf die kaum besser gehaltenen Billigrumänen auch).

Ich selber wiederum erwische mich ab und an dabei, mir mal eben 'ne Packung Hühnergedöns ausm Supermarkt für zwei Euro zu kaufen, und frage mich, ob ich nicht 'nen Pfeil im Kopp habe, mir so einen Dreck zu kaufen.

(Das mit dem Carazza verschweige ich besser komplett.)

Und ja, ich weiß: Allein die Stadionwurst deckt 90 Prozent des menschlichen Tagesbedarfs an Scheiße.

Ehrlich, ich arbeite an mir. Bin ja eh schon zu 80 Prozent Pescetarier.

Wenngleich klar ist: Wer immer gut sein will, sollte sich besser mit dem Scheitern vertraut machen – es wird sein ständiger Begleiter sein.

Smartphones oder Computer z. B. enthalten Kupfer. Dessen Herstellung wiederum benötigt tierischen Knochenleim als Hemmstoff – aber der Maximo Läsker postet seine Öko-Suren sicher mit 'ner ausgehöhlten Kokosnuss, ne.

Schade um die gute Sache.

Dummerweise erreichen Milifanten wie der bärbeißige Ex-Fettsack, dass ich allein aus Renitenz gegen das Dinkel-Diktat fast zur Protest-Wurst greifen möchte.

Warum empfinde ich beim Wort vegan mittlerweile fast dasselbe, wie wenn ich an den Zeugen Jehovas, bei Scientology oder den Kreditkartenhanseln am Flughafen vorbeigehe?

Das kann doch nicht sein.

Seid ihr jetzt plötzlich die «Gutmenschen» der Stoffwechsler oder schon die Scharia-Polizei, oder wie oder was?

Was ist da schiefgelaufen?

Wer hat euch bloß so ruiniert?

Ich will nicht so empfinden, aber allein, wenn sich bei mir mal Veganer in den Facebook-Kommentarleisten einfinden, ist es absolut sicher, dass die ganz große Missionierungs- und Schlachtbank-Bilderflut losgeht.

Die schönsten Frauen musste ich bereits löschen, weil sie einen mit der Eleganz einer Nagelpistole bär jeder Vernunft mit Fun Facts des fleischlosen Daseins vollgeballert haben.

Und es geht mir auf die Nüsse.

(Nüsse sind okay, oder?)

Es sollte mich für ein wichtiges Thema sensibilisieren, aber nein:

Es nervt.

Du nervst.

Sei doch mal charming, Bär.

Und jetzt geh in die Küche, mach 3000-mal deinen verkackten Mandelmilch-Zimtpudding und bring den unter die Leute beziehungsweise Brücken.

Dann hat die ganze Sache doch noch was Gutes.

Frank Zander liegt bereits 24 zu 0 vorne.

Sylt – die bipolare Insel

«Meine Damen und Herren, wir befinden uns im Landeanflug auf Sylt. Bitte legen Sie die Perlenketten an und klappen Sie die Polohemdkragen hoch.»

Zugegeben, es ist nicht die Original-Durchsage, die ich höre, als ich in Westerland lande. Passen tut es dennoch.

Auch so eine Insel, für die man sich fast entschuldigen möchte, wenn man dort Urlaub macht.

Es gibt 3674 billige Klischees darüber, aber wenn man einmal dort gewesen ist, weiß man:

Sie stimmen alle.

Wenn Mallorca die Putzfraueninsel ist, dann ist Sylt die Zahnarztgattinneninsel.

Man muss nicht in den Flieger steigen, um anzukommen.

Man kann auch die Bahn nehmen.

Oder den Autozug.

Der eine tolle Sicht auf das wundervolle Meer, die Felder, die Deiche, die Natur bietet.

Oder auf den Sylt-Aufkleber auf dem Heck des Z4, der in der Reihe direkt vor einem steht.

Wirklich viele haben dieses Schandmal auf ihren Sportwagen oder SUVs kleben.

«Seht her, Leute, ich mache Urlaub auf Sylt!»

Diese Leute sollten sich eigentlich nicht vermehren.

Tun sie nach einer Flasche Sansibar-Prosecco dennoch.

Produzieren Kinder wie den zehnjährigen Jungen, auf den mein

Blick kurz nach der Landung fällt. Mit seiner Steppjacke, den Chinos und den Tod's-Loafern sieht er aus, als würde sein Vater ihm beibringen, wie man Obdachlose tritt.

Eine sehr oberflächliche Betrachtung, klar.

Aber da, wo es Filialen von Bulgari, Burberry oder Hermès gibt, ist die Oberfläche ein sehr beliebtes Parkett.

Sogar der Unterhosenkönig Otto Kern hat hier einen Store.

Otto Kern ist der Mann, der sich mal in Sarah Kern verliebt hat.

Geschmacklich also zu vernachlässigen.

Raus aus der Maschine, zwinge ich mich, mich an der tollen Luft zu erfreuen und nicht in Schubladen zu denken.

Als im Flughafenterminalchen mein Blick auf eine gigantische Reklame für eine goldene Rolex fällt.

Ich wende mich entsetzt ab – und blicke direkt auf eine riesige Werbetafel für die *Bunte*.

Fürwahr, dieses Eiland ist teilweise hoffnungslos verkernert.

Im Grunde genommen stammt der Ruf der wundervollen Insel als Snobistenatoll – straight outta Kampen.

Schaurige Veranstaltungen haben ihr übriges getan.

Das legendäre Krebsessen der Baumanns. Der Weltkongress der roten Bundfaltenhosen-Träger. Mit geladenen Gästen wie dem Ex-Air-Berlin-Chef Joachim Hunold, dem Münchener Society-Broiler Regine Sixt, Chippi und Jürgen Klindworth (kenn ich nicht, fand nur die Namen putzig) sowie dem üblichen *Super-Illu*-Adel.

Urlaubsbilder von Fernsehmoderatoren, die barfuß in ein Krabbenbrötchen beißen, den Kaschmirpullover lässig über die Schultern geknotet.

Im Hintergrund die Wellen. Sie brechen.

Das mit dem Pullover. Man spricht hier liebevoll vom sogenannten Kampenkringel.

Warum den Pulli auch anziehen?

Die Heizung im Cayenne funktioniert doch!

SUVs drehen hier in Kampen ihre Runden um die Gastronomien.

Das Pony. Den Rauchfang. Das GoGärtchen, in dem ein frisch glatt gezogener Fritz Wepper gerade den Kellner fragt, wie viele Biere sich mit den Schmerzmitteln vertragen.

BMW X5, Audi A8, Porsche Cayenne, Mercedes G-Klasse, Range Rover – die Big Five ziehen geduldig vorbei.

Mit einem Kleinwagen fühlt man sich direkt unwohl.

Das Bewusstsein, dass es hier «Porsche parking only»-Schilder gibt, macht es kaum besser.

Hier kostet der Quadratmeter Grundstück gut und gerne mal 70 000 Euro.

Die Dixiklos vor den geschmackvoll geklinkerten Reetdach-Neubauten sind nicht blau.

Sie sind schlammfarben. Oder taupe.

Hätte ich 70 000 Euro – ich würde da glatt einziehen.

Nur ein falsches Lachen entfernt liegt die Buhne 16.

Eine sehr schicke Strandbar in den Dünen.

Hier kann man relaxen und sich am Publikum ergötzen.

Männer mit verspiegelten Ray-Ban-Sonnenbrillen und goldenen Rolex-Uhren, die Frauen ausführen, deren Lippen so aussehen, als würde die WHO sie umgehend als krebserregend einstufen.

Wem das nicht reicht, der kann einen Abstecher zur legendären Sansibar machen.

Ein Lokal, das allein schon für sein Merchandising berühmt ist.

Wer kennt sie nicht, die «Kult-Currywurst», die man so leidenschaftlich an Bord der Air-Berlin-Maschinen ignoriert hat.

Wie eine Skihütte thront sie im Sand über dem Meer.

Die Pelzkragen, Wellensteyn-Daunenjacken und Nordic-Walking-Stöcke verstärken diesen Eindruck noch.

Hier trägt man Hunter-Gummistiefel und rote Ugg Boots, während man auf den Sonnentreppen oder im Biergarten der Nachhut auf dem gewaltigen Kinderspielplatz neben dem Lokal zusieht.

Ein Judith-Rakers-Double mit strengem Zopf kneift ihrem pony-

großen Rhodesian Ridgeback ins Ohr. Die disziplinarische Maß-
nahme fruchtet.

Im nächsten Jahr wird es wohl dennoch wieder eine Louis-Vuit-
ton-Handtasche zum Geburtstag werden.

In der Luft riecht es nach Trüffelpommes.

Ein Vierjähriger mit Ray-Ban-Sonnenbrille und Moncler-Weste
schießt mit seinen Gummistiefeln Sand auf die anderen Kinder.

Seine Eltern registrieren es mit Wohlgefallen.

Es sind offenbar Kinder von Kleinwagenbesitzern.

Im Inneren des Lokals sieht es ebenfalls aus wie in einer Skihütte.

Was abends durchaus gemütlich ist. Man muss beim Gang zur Toilette nur die schier unglaubliche Produktpalette ignorieren: Sansibar-Shirts, Sansibar-Sekt, Sansibar-Hosen, Sansibar-Parfüm, Sansibar-Gin, Sansibar, Sansibar, Sansibar.

Ein Schild wirbt damit, dass in der Sansibar jetzt exklusiv mit dem Thermomix gekocht wird.

Auf dem Foto sitzt der Hüttenwirt mit dem Gerät so nah am Wasser, dass ich annehmen muss, er surft mit dem Ding gleich durch die Wellen.

Scheiß drauf. Ich gestehe zerknirscht ein: Der Service und das Essen sind erstaunlich gut.

Was sich über Gosch am Kliff nur bedingt sagen lässt.

Gosch – das Vapiano für Pescetarier.

Schon in dem wunderbaren Buch «Deutsches Theater» hatte Autor Benjamin von Stuckrad-Barre den Namensgeber und Firmenchef Jürgen Gosch als so eine Art Krabben-Pol Pot beschrieben.

Diesen Charme hat er an seine Mitarbeiter weitergegeben. Zwei von denen, ein Mann und eine Frau, beantworten meine kurze Nachfrage dergestalt, dass sie mich behandeln, als hätte ich mir gerade fünf Kilo Shrimps heimlich in die Unterhose gesteckt.

Was ich nicht getan habe.

Ob der rekordverdächtigen Unfreundlichkeit werde ich sehr ungehalten.

Mein Kopf hat eine Farbe, irgendwo zwischen Uli Hoeneß und den Hosen der Gäste beim Krebsessen. Was auf das Gleiche hinausläuft.

Michael Douglas in «Falling Down» war kaum entspannter als ich.

Am Ende taugt es zumindest als nette Anekdote, wenn du mit ein paar Freunden aus Hamburg an dem wunderbar breiten Sandstrand sitzt und bei ein paar Pils dummes Zeug erzählst.

Klar, Sylt.

Das sind Steppjacken, goldene Rolex und Arztgattinnen in SUVs.

Und das Beste daran:

Nur einen Ort weiter siehst du davon – nichts mehr.

Nur Wiesen, Felder, Deiche, Wasser.

Und jede Menge Schafscheiße.

Was 'ne geile Insel.

Sie macht die Augen auf und sieht mich an. Es gibt ja diesen Gesichtsausdruck, der Zuversicht ausstrahlt, Vertrauen, Hoffnung. Genau so ein Blick ist das nicht.

Pippa ist erst fünf Monate alt. Alt genug, um zu ahnen, dass jetzt eine echt harte Zeit auf sie zukommt. 30 Stunden alleine mit ihrem Vater. Das allererste Mal.

Mutti ist weg. In einer anderen Stadt. Über Nacht.

Ach. Du. Scheiße.

Mein Tagesablauf in ihren Händen. Für sie muss sich das in etwa anfühlen, als würde ein Schimpanse versehentlich in den Besitz eines Atomkoffers geraten. Oder Björn Höcke wird Bundeskanzler.

Nicht, dass ich jetzt die totale Pfeife als Vater wäre. Ich kann ziemlich gut wickeln. Und schieben. Ich schiebe den Kinderwagen stundenlang durch meine Hood, kann genau sagen, welches Blatt gestern noch wo am Baum gehangen hat, welcher Pflasterstein sich angehoben hat und welcher Hundeschiss gestern noch nicht da war.

Bei mir wird mehr geschoben als in der chinesischen zweiten Liga.

Früher Hipster, jetzt Schiebster.

Mal 'ne Rassel bedienen, ein dummes Gesicht machen, Fläschchen geben – kein Thema.

Aber halt eben nur punktuell. Als Gastauftritt.

Auf Strecke? Völlig neue Erfahrung.

Schließlich muss sich dieses Kind darauf verlassen können, dass ich funktioniere.

Babys haben eine Schwäche für Nahrung und trockene Windeln.

Der erste Downer ereilt mich schon ca. 300 Meter von zu Hause.

Was mal so eine Art Stammcafé war, lässt mich plötzlich mit Kinderwagen nicht mehr rein. Eine lupenreine Diskriminierung.

Ich bin kurz davor, bei Netzfrauen.de die Bombe platzen zu lassen.

Im nächsten Stammcafé sieht es besser aus.

Dort sitzt regelmäßig ein halbes Dutzend Latte-macchiato-Muttis zusammen und bildet hinten in der Ecke eine Art Wagenburg aus Kinderwagen. Eine schwere Wolke aus Östrogen darüber, mindestens sechs sekundäre Geschlechtsmerkmale im Dauerstilleinsatz.

Gehst du zu nah an denen vorbei, nimmst du deinen Cappuccino dieses Mal mit brustwarmer Frischmilch.

Sicher, früher habe ich über die gelacht. Aber wie ich da so sitze, in der anderen Ecke, mit meinem Kumpel Christian, seinem und meinem Nachwuchs, Elterngespräche führend und Stuhlgang analysierend, stelle ich schnell fest:

Ich bin jetzt ein Latte-macchiato-Vater.

Ohnehin bedeutet Eltern sein nichts anderes als:

Du bist jetzt einer von denen. Du redest wie sie. Du verhältst dich wie sie.

Mit ein bisschen Glück kommst du zumindest um die Jack-Wolfskin-Jacke herum.

Zu diesem Zeitpunkt nehme ich noch an, mir einen entspannten Tag machen zu können. Dem soll nicht so sein. Ein mahnender Huster, gefolgt von einem lauten Quaken, bedeutet mir, dass das legere Abhängen im Café vorbei ist.

Das Kind ist wach, und ihm ist langweilig. Also: wieder schieben. Dann pennt sie ein. Absurderweise hat Kopfsteinpflaster fast hypnotische Wirkung, weshalb man sich stets den mit Abstand miesesten Untergrund sucht und durch die Gegend wackelt wie ein Rentner mit 'nem kaputten Rollator.

Kaum zu Hause, steht mein Freund Oli vor der Tür.

Wir wollten noch ein wenig für seinen Bühnenauftritt schreiben.

Was nur bedingt funktioniert. So ein Kind interessiert sich nämlich einen Scheiß dafür, was du willst – das will beschäftigt werden.

Vor ca. drei Monaten war sie noch eher Gemüse. Jetzt guckt dich plötzlich schon eine richtige Person an. Mit Pausbäckchen, erstaunlich wachen Augen – und bereits unfassbar vielen Haaren auf dem Kopf.

Tatsächlich teilen wir beide uns eine Frisur. Follikeltechnisch zeigt bei IHR die Tendenz allerdings klar nach oben.

Ernsthaft? Du kommst zu nix!

Du bist kein Mensch mehr, du bist Personenschützer!

Entweder wird sie pausenlos mit irgendwas beliefert, das knistert, bimmelt oder trötet – oder du wickelst.

Zumindest dafür wird man in Regel vorweg mit einem echten Comedy-Knaller entschädigt. Ein Schlichtling wie ich kann sich einfach unglaublich darüber amüsieren, wenn ein zartes 6-kg-Persönchen einen krachenden Nassfurz in die Windel jagt, der jedem Fernfahrer zur Ehre gereichen würde. Da stimmt einfach die Fallhöhe.

Das ist allerdings nur so lange lustig, bis du das Ergebnis wegmachen musst.

Je reger das Kind, desto schwieriger ist es, ihm die Windel anzulegen.

Meines ist SEHR rege.

Pippa macht auf dem Wickeltisch mehr Umdrehungen als ein Döner.

Sie riecht allerdings besser. Und ist deutlich frischer.

Immerhin habe ich sie noch nicht fallen lassen. Was erstaunlich ist, da ich für gewöhnlich so tollpatschig bin wie eine Lufthansa-Stewardess.

Mit so kostbarer Fracht konzentriert man sich aber einfach besser. Zumindest auf das Wesentliche.

Der spätere Nachmittag: Wieder einmal muss ich das Fläschchen mit dem Milchimitat fertig machen. In einer Art Wasserkocher ohne Deckel wird das Ding dann so erhitzt, dass die Milch muttitemperiert ist.

Dann fällt mir ein, dass ich noch gar nicht auf der Toilette war.

Dazu muss man wissen: Ich gehe wirklich sehr gerne aufs Klo. Und lange.

Ich hab aufm Topf schon locker zweimal Facebook durchgespielt. Selbst in Gastronomien bin ich oft so lange im WC, dass die Zeitschaltuhr in der Kabine irgendwann zurück auf Dunkelheit stellt.

Mit einer fünf Monate alten Verwandten auf dem Oberschenkel ist man für gewöhnlich nach zwei Minuten fertig. Es macht einfach keinen Spaß.

Aber wo soll man mit einem Kind auch mal eben so hin!

Eine Jeans mit Knöpfen lässt sich nach Geschäftsabschluss, nebenbei gesagt, mit einem Baby wie ein Baguette unter den Arm geklemmt deutlich schlechter zumachen als eine mit Reißverschluss.

Okay, vielleicht waren es mehr als zwei Minuten.

Die Milch in der Flasche ist mittlerweile dermaßen heiß – ich könnte der Kleinen auch geschmolzenes Metall einflößen.

Dummerweise wollte ich eigentlich schon längst bei Freunden das BVB-Spiel gucken. Nun muss ich erst einmal zusehen, dass ich die verdammte Pulle zurück auf Nippeltemperatur kriege!

Und das dauert. Und dauert. Und dauert.

The Hunger Games.

Später trinkt Philippa auch noch betont langsam. Vermutlich aus reiner Boshaftigkeit. Dass sie jetzt bereits acht Wochen Stubenarrest zusammen hat, weiß sie noch nicht.

Das Spiel ist bereits in der zweiten Halbzeit, die Kröte gestillt, angezogen und abfahrbereit, als sie die Hälfte des eben Getrunkenen barneygumbleesk hochrülpst und über ihre Kleidung ergießt.

Ein Kostümwechsel ist vonnöten. Jetzt sind es bereits neun Wochen Stubenarrest. Im Gehen bemerke ich, dass der Müll auch mal wieder runtergebracht, der Sack unten an die Straße gestellt werden müsste.

Bei all der Hektik und Verantwortung bin ich mittlerweile so durcheinander, dass eine Verwechslung nicht mehr ausgeschlossen ist. Spätestens nachdem du zwanzig Minuten durch die Gegend gefahren bist, während du einem Müllsack auf der Rückbank etwas vorsingst, merkst du es dann auch.

Besser aber, es gleich zu vermeiden.

Am Zielort angekommen, hebe ich das Kind aus dem Sitz und lege es mir über die Schulter. Sie dankt es mir mit einem infernalischen Bölken, und die verbliebene Hälfte des Mageninhaltes landet auf meinem Pullover.

Ich sehe aus, als wäre ich überraschend Rocco Siffredi in die Schlussszene geplatzt.

Notdürftig gesäubert, bekomme ich vom Spiel exakt die letzten sieben Minuten mit.

Früher immer auf zeitiges Erscheinen bedacht, erfasst einen mehr und mehr eine persische Pünktlichkeit, die Planungsgenauigkeit des Flughafens BER. Es passiert einfach zu viel Unvorhergesehenes.

Als Eltern hast du nur noch eine Zeitform: zu spät.

Der Besuch bei Freunden nimmt sich ebenfalls kurz aus, weil die kleine Lady müde ist – dann wird sie schnell knatschig.

Bei «Wetten, dass..?» ging um dieselbe Zeit immer der Flieger von Offenburg nach Hollywood.

Auf dem Heimweg grollt der Hunger.

Dann das Dilemma: Du kannst das Kind mit zum Asiaten nehmen und bestellst das Essen dort. Dann allerdings kann es passieren, dass es im Maxi-Cosi wach wird und so schreit, dass du das Geschäft fluchtartig verlässt, ohne das Essen mitzunehmen.

Oder du bestellst zu Hause und lässt liefern. Der Lieferant wird aber mit tausendprozentiger Sicherheit exakt dann klingeln, wenn die nervöse Erstgeborene gerade endlich in den Schlaf gefunden hat.

Ich entscheide mich für die Dose Thunfisch und einen Eiweißriegel. Toll.

Der ruhige Schlaf der Kleinen ist ein seltenes, kostbares Gut.

Das es zu schützen gilt.

Wenn die erst einmal im Bettchen liegt, tappst du durch die Hütte, als wolltest du in die eigene Wohnung einbrechen. Jede knarzende Bodendiele ist dein persönlicher Todfeind, das Brummen einer SMS versetzt dich in Panik. Eine kleine Erschütterung nur kann die Nacht nachhaltig versauen. Im Bett verharre ich still und lausche ihrer Atmung.

Schlaf bloß weiter. Schlaf weiter. Bitte!

Wenn so ein Wurm sich erst einmal in Rage geschrien hat, dann bröckelt der Stuck von der Decke.

Da kannst du besser neben einer Kreissäge pennen.

Nächtliches Pinkelngehen wird wohlweislich der Ruhe geopfert.

Flach atmen ist jetzt geboten. Nicht auffallen.

Jedes Schnaufen, jedes Grunzen, jeder Dinosauriersound, der aus dem Bettchen nebenan kommt, kann Vorbote abrupten Erwachens sein.

Wie die beiden Kinder, die in «Jurassic Park» im Auto angsterfüllt beten, dass der T-Rex sie ja nicht bemerken möge, geht es nur darum:

Jetzt bloß nicht die Ruhe stören.

«Wenn du dich nicht bewegst, kann sie dich nicht sehen.»

Ich habe Glück. Sie schläft durch.

Wobei «durchschlafen» bedeutet: drei Stunden.

Da lügen sich Eltern gegenseitig gerne etwas vor.

Dann wieder Flasche.

Nachts im Dunkeln abgekocht, zusammengeschraubt, befüllt, geschüttelt, erhitzt. Alles mit der linken Hand, während auf dem rechten Arm der grenznölige Nachwuchs benommen darauf wartet, dass die Betankung endlich losgeht. Herausfordernd.

Um acht Uhr morgens endet die Nacht. (Dankbare Zeit, zugegeben.)

Mit einem Lächeln, das in Sachen Schönheit sogar die Kaffeetassen vom Morgenmagazin aussticht.

Unglaublich berührend.

Pippa ist aber auch einfach ein unglaublich toller Mensch.

So ein süßes, kleines Äffchen.

Ich habe es tatsächlich geschafft.

Ein archaischer Stolz durchflutet meinen viertelausgeschlafenen Körper.

Ja, Vaterschaft bedeutet vor allem:

Du bist stolz, 30 Stunden lang Dinge allein geschafft zu haben, die die Mutter des Kindes seit 150 Tagen spielend erledigt.

Respekt, liebe Mütter.

Ihr macht da echt einen Riesenjob.

Fulltime.

Ich hätte nicht die Kraft dazu.

111-mal Hochsommer

1. Junge BWL-Studenten fahren zu viert mit einem DriveNow-Mini-Cabrio um die Eisdiele und hören laut Musik von Kay One.
2. Horst Seehofer erzählt irgendwas. Meint das aber gar nicht so.
3. «Pleite-Boris beim Eisessen auf Formentera erwischt.» *Bild* tobt und rechnet detailliert aus, was das alles wieder gekostet hat.
4. Der TÜV Rheinland findet bei aufwendigen Proben heraus, dass 93 Prozent aller Badeseen im Grunde genommen so etwas wie eine Nahtoderfahrung sind.
5. In Berlin-Mitte gibt es endlich laktosefreies Acai-Quinoa-Eis. Eine Kugel kostet 38 Euro.
6. Jana Pallaske umarmt einen Baum.
7. Es mehren sich skurrile Haushaltsunfälle, als viele Bürger den Häcksler in ihrem Thermomix spontan zu einem Zimmerventilator umbauen.
8. In geschlossenen Gebäuden stellt man wieder mit Erschrecken fest, dass viele einen Deoroller für führerscheinpflichtig halten.
9. Sommerurlaub mit Angela Merkel und Joachim Sauer. Ein Traum in Hansaplastocker. Beim Blick auf die Bilder glauben viele, sie seien versehentlich auf der Online-Seite des TCM-Katalogs gelandet.
10. Ein Blick zu lange von deinem Platz auf der Liegewiese hinüber zur Kickboxgruppe von gegenüber macht dich spontan zur Übungspiñata für Roundhousekicks.

11. Tausende Fische sterben, als ein dubioser Investor versucht, 1000 E-Bikes im Weiher zu versenken.

12. Selfies mit Bockwurstbeinen und Bier am Rheinufer.

13. Ein Limp-Bizkit-Cover von Nouvelle Vague bei Weinschorle im Szenerestaurant.

14. *Bild*-Mariachronist Franz Josef Wagner schreibt an die «liebe Sonne».

15. Der Animateur im Ferienclub stellt nach acht Tracks fest, dass er statt der Kinderlieder-CD versehentlich die Mallorca-party-Hit-Kompilation eingelegt hat. Der Vorfall bleibt folgenlos.

16. RTL-Urlaubsretter Ralf Benkö deckt in einem spektakulären Tatsachenbericht auf, dass 4 Wochen Familienurlaub in Bulgarien für 199 Euro deutliche Mängel in Sachen Komfort und Menschenwürde aufweisen.

17. Silva Gonzales lädt *Bild* und *Mopo* zum ersten Kinderplanschen mit der Tochter ein.

18. Judith Rakers adoptiert eine Robbe.

19. «Verbrannte Leichenteile auf Grünfläche gefunden.» Kurz vor der Obduktion stellt sich gerade noch rechtzeitig heraus, dass es sich hier um eine Runde Mittfünfziger gehandelt hat, die es mit dem Tiroler Nussöl ein bisschen übertrieben haben.

20. Nach 13 Bier und 3 Wodka Red Bull vor der Gartenhütte spontanen Sonnenstich erleiden.

21. Trinkwasser wird knapp. Einschlägige Medien spekulieren über drohende Bierknappheit.

22. Tim Wieses Cabriobräune erreicht ein Jahrhunderthoch.

23. Flip-Flop-Flappen auf Linoleumboden.

24. Hinterm Brenner eine CD mit 80er Italo-Pop-Hits kaufen.

25. Birgit Schrowange traut sich mit grauen Haaren baden zu gehen. Sie bekommt selbst aus dem Ausland viel Zuspruch.

26. In einem Beach Club in Herne ist der Hugo angekommen.

27. Kölner Wissenschaftler entdecken zwischen einem breiten

Teppich aus Müll mikroskopisch kleine Reste von Rasen rund um den Aachener Weiher.

28. Mit der Knappheit seiner Badehose setzt Neu-Turiner Cristiano Ronaldo bei einem Badeausflug in Bardolino selbst in Italien einen neuen Speedo-Standard.

29. Bei einer Bundeswehrübung in Erkelenz formen Soldaten spontan Aschenbecher und Vasen aus dem geschmolzenen G36-Sturmgewehr.

30. Bernd Höcke am FKK-Strand treffen.

31. Den Langnese-Spot bei YouTube gucken.

32. Die ARD versendet alle bereits gedrehten Tatorte mit Til Schweiger.

33. Viele Profifußballer und DSDS-Kandidaten grüßen via Instagram aus dem Urlaub in Dubai. Es hat kulturell so viel zu bieten. Und eine Skihalle.

34. In den Teich von Ex-Besitzer Martin Winterkorn wird kiloweise Crushed Eis gekippt, um die Koi-Karpfen auf Temperatur zu halten.

35. Specktitten.

36. Beachclub-House zu weißen Leinenhosen.

37. Ein bekannter Musikproduzent prügelt sich um einen neongelben Kapuzenpullover mit ein paar Berufsschülern in einer Diskothek in Cala Ratjada.

38. Wo ist das Bienensterben, wenn du gerade mal Kuchen essen willst?

39. Horst Lichter in Badehose beim «Bares für Rares»-Sommerspecial aus der Stierkampfarena in Mallorca.

40. Stefan Raab hat mit «Wadde Hadde Tutinki» einen etwas überraschenden Sommerhit auf Kosten der Nationalelf-Versager.

41. Die Autobahnen sind leerer als eine Buchhandlung in Cottbus.

42. Abreißen quadratmetergroßer Lederhaut nach heftigem Sonnenbrand.

43. Auf Sylt erholen sich Zahnarztgattinnen beim Strandspaziergang mit den Huskies von der Gesichts-OP.
44. Leichte Sommersalate und freche Frauenromane für den Ferienpool.
45. Aufgrund eines Hitzeschlages erwischt es Winnetou schon vor dem finalen Akt bei den Karl-May-Festspielen in Bad Segeberg.
46. «Erol Sander. Baby da!»
47. Endlich! Hawaiihemden von Camp David.
48. Toni Marshalls Toupet entzündet sich selbst bei einem Gig im Europapark Rust.
49. Die Saragossa Band ist zurück!
50. Juist hat endlich seinen eigenen Gin.
51. Köln. Eine Touristengruppe bleibt mit ihren Segways im kochenden Asphalt der Leverkusener Brücke stecken. Erst nach Stunden gelingt dem THW und den Höhnern die Befreiung.
52. Sensation in Berlin. Das erste Amphibien-Bierbike ist da.
53. 1800-Euro-Grills und 99-Cent-Steaks. Immer noch und immer wieder.
54. Die ehemalige Jugendliebe nach dreißig Jahren im Freibad sehen. Dear God.
55. In Strandbars sagen sie immer noch «Cräsh Eis».
56. Jens Spahn rät, sich einzucremen.
57. Kai Pflaume auch.
58. Der Görlitzer Park avanciert zur drogenfreien Zone, weil sich keiner mehr traut, die glühend heiße Nadel anzusetzen.
59. Erhitzte Mortadella auf Konferenztischbrötchen. Etwas zu braun, verbogen und schwitzend. Der Markus Söder unter den Aufschnitten.
60. Gehirnschmerz nach Speiseeisfressattacke.
61. Rausschwimmen, um bedeutungsschwanger in die Ferne zu blicken. Während man heimlich ins Meer pinkelt.

62. Granita aus einer uralten Eismaschine an einer Strandbude in Rimini. Wenn schon Salmonellen, dann bunt.

63. Dieser unfassbare Hauteinklemmschmerz am Oberarm beim Anziehen der Schwimmflügel.

64. Der Geruch von heißem Gummi in der Nase beim Aufsetzen der Taucherbrille.

65. Zecke am Sack, nachdem du den Ball in kurzer Hose aus den Büschen geholt hast.

66. Das erste Bier am Pool.

67. Unglücklich beim Selfiemachen von der Klippe stürzen und vom eigenen Selfiestick aufgespießt werden.

68. «Sind Sie auch Deutscher?»

69. Inkontinenzverdacht beim Tragen einer nassen Badeplinte unter der beigen Leinenhose.

70. Das zweite Bier am Pool.

71. Der coole Sprung vom Balkon im dritten Stock in den Hotelpool.

72. Feststellen, dass der Pool hintenraus ist, dein Balkon aber in diesem Jahr zur Straße hin.

73. Tim Toupet ist im selben Krankenhaus und unterschreibt deinen Gips.

74. Lässiges Den-Weibern-Hinterherglotzen durch die Anonymität der Sonnenbrille.

75. Feststellen, dass du keine Sonnenbrille trägst.

76. Betrunken mit Rei in der Tube die Zähne putzen.

77. Zehn Minuten Kontemplation, weil das verfickte iPhone sich erdreistet, sich in der Hitze zehn Minuten abzuschalten. #Achtsamkeit

78. Eurowings buchen und die Verspätung nutzen, um den kompletten Ulysses zu lesen. In Originalsprache.

79. Mit einer Frau sprechen, die nicht weiß, wer Özil ist.

80. Bademoden so lange durchtragen, bis sie wieder in sind. #MarkSpitz

81. Bei der Arbeit am Pool Kollegen treffen und sich ihrer Ideen bedienen.

82. Am Pool erleichtert feststellen, dass die schreienden Kinder nicht die eigenen sind.

83. Pietro Lombardi dreht ein Musikvideo am Pool des Hotels, in dem du bist.

84. Booking.com erstattet dir freiwillig 120 Prozent des Preises.

85. Tiefenentspannt zur Abkühlung in den Baggersee springen und feststellen, dass du die Bluetooth-Kopfhörer noch im Ohr hattest.

86. Ein instant überfüllter Pool durch eine gigantische Einhorn-Luftmatratze.

87. Pommesgabeln zentimetertief im Fuß.

88. «Das wird erst rot, dann braun!»

89. Instagrammerinnen und ein vierzigminütiger Tanz um die perfekte Inszenierung eines Daiquiris am Pool. Expeditionen ins Präsentierreich.

90. «Ach, sind Sie auch Deutscher?»

91. Kolonialherrengehabe beim Runterhandeln des senegalesischen Rolexhändlers am Strand vor seinen fünf lachenden Kumpels.

92. «Killerwespen jagen Rentnergruppe».

93. Buffetterroristen, die vor einem in der Schlange alle Gambas aus der Paella ziehen.

94. Umherfliegende Zeitungsteile am verwindeten Sandstrand.

95. Uli Hoeneß poltert, dass die Sommer früher nicht so heiß waren, das daran läge, weil junge Leute die Sonne nur noch für ihr Instagram bräuchten und er sowieso Computer besitze.

96. Schwindel beim Luftmatratzenaufblasen.

97. Mittfünfziger mit dünnen Beinen in Trigema-Shorts beim selbstvergessenen Herausstrecken der zum Zerbersten gespannten, schwangerschaftsartigen Hopfenpocke beim Benetzen der Fußknöchel am Kiesstrand.

98. Der Geruch von Sonnencreme und Strand im warmen Handtuch.
99. Zikaden.
100. Pinienduft.
101. Dieser eine Morgen im Juli, an dem dir klar wird, dass dieses wunderbare Glas voll Sommer schon mehr als halbleer ist.
102. Leichte Kleidung. Leichte Gedanken.
103. Umherfliegende Zeitungsteile am verwindeten Sandstrand.
104. Uli Hoeneß poltert, dass die Sommer früher nicht so heiß waren, das daran läge, weil junge Leute die Sonne nur noch für ihr Instagram bräuchten und er sowieso Computer besitze.
105. Schwindel beim Luftmatratzenaufblasen.
106. Mittfünfziger mit dünnen Beinen in Trigema-Shorts beim selbstvergessenen Herausstrecken der zum Zerbersten gespannten, schwangerschaftsartigen Hopfenpocke beim Benetzen der Fußknöchel am Kiesstrand.
107. Der Geruch von Sonnencreme und Strand im warmen Handtuch.
108. Zikaden.
109. Pinienduft.
110. Dieser eine Morgen im Juli, an dem dir klar wird, dass dieses wunderbare Glas voll Sommer schon mehr als halbleer ist.
111. Leichte Kleidung. Leichte Gedanken.

When will I be famous

Selbst wenn man ein Ego hat, so groß, dass es in keine Doppelgarage passt, fängt es doch mit E an – wie «Ernüchterung».

Ich gehe ja nur noch selten so richtig vor die Tür, also in das, was man gemeinhin «Nachtleben» nennt. Seit letzten Freitag weiß ich auch wieder, warum.

Es ist ein Uhr nachts. Eine angesagte Bar im Hamburger Schanzenviertel.

Zwei junge Damen schenken mir aus der Distanz gehobene Aufmerksamkeit. Was mir natürlich nicht entgeht. Nach kurzer interner Besprechung traut sich die eine, bewegt sich auf mich zu. Ich gebe mich gelassen, bin aber natürlich in erhöhter Bauchpinselungs-Alarmbereitschaft, erwarte mindestens ein «Sind Sie nicht ...?» oder wenigstens «Darf ich Sie malen?».

Das Mädchen fasst sich ein Herz und fragt mich mit großen Augen:

«Sag mal, hast DU hier gefurzt?»

SPOILER ALERT: Hatte ich nicht. Ich war aber ob meiner Wut und Enttäuschung mehr als willens, mir noch spontan eine Revancheflatulenz auszudrücken.

Wenn Wunsch auf Wirklichkeit trifft.

Offenbar haben die zunehmenden öffentlichkeitswirksamen Auftritte sich bereits zu sehr in mein Bewusstsein gefräst.

Und, hey! Irgendeinen Grad von Wichtigkeit muss ich ja haben – immerhin prangt hinter meinem Namen bei Facebook ein weißer Haken auf blauem Grund. Damit kriegst du praktisch von Zuckerberg persönlich zertifiziert, eine Person öffentlichen Interesses zu sein. Was sich nicht zuletzt daran festmacht, wie viele Menschen einem in den sozialen Netzwerken folgen beziehungsweise hinterhertrotten.

Eine Währung, die mitunter zu absurden Szenen führt. So war ich unlängst im Rahmen der Berlinale auf einer Party, deren Gastgeberin mich durch das Getümmel zog, bis ihr Blick auf Sami Slimani fiel. Der Deutsch-Tunesier ist YouTuber und bei *Bravo*-Leserinnen als Gesichtscremetester und Glückskeksbotschafter bekannt.

Jeder Tag ein #Hashtag.

Was die Frau, immerhin auch gut 30 Jahre an der Zielgruppe vorbei, anstachelte, sich gleich für ein Selfie mit ihm für ihren Instagram-Account von mir loszureißen.

Fast entschuldigend kam sie von dem Lipgloss-Bushido zurück:

«Ja, sorry, aber: 1,4 Millionen Follower. Da kann ich unmöglich nein sagen.»

Hat mich irgendwie begeistert.

Nein sagen ist ab einem bestimmten Level von Bekanntheit die wohl schwerste Übung. Die Anzahl der Angebote wächst schließlich mit, je öfter du zu sehen bist.

Und je öfter du zu sehen bist, desto interessanter wirst du für die Firmen, die es bei jedem Auftritt von dir gerne sähen, dass du ihre Uhr trägst oder ihr Auto fährst.

Also kriegst du das alles fortan umsonst. Und es wird normal. Standard.

Es soll ja Poptitanen geben, die ein Foto mit dem mallorquinischen Gastronomen nur deshalb machen, weil der sich das eingerahmt in seinem Paella-Bums aufhängt und der daraufhin ein Jahr lang frei fressen darf.

Überdies darfst du überall ungefragt deine Meinung zu allem kundtun, und je öfter du das tust und je mehr Reaktionen darauf erfolgen, desto mehr glaubst du, dass du tatsächlich etwas zu sagen hast.

Manch einer wähnt sich sogar in der Position, ein Buch zu schreiben.

Werbung für Wurst, gut geschauspielerte Begeisterung für eine ausgepackte Soundbox in der eigenen Instagram-Story, eine Printkampagne für einen windigen Finanzdienstleister und Einladungen zu jeder Katzenkloeröffnung in der Kölner Ehrenstraße, begleitet von inTouch und Closer. Dümmer geht's immer.

Selbst JLo verfügt kaum über einen Hintern, der groß genug ist, all diese Zuwendungen hinten reingeschoben zu bekommen.

Nichts gegen Geschenke. Das ist schon toll.

Dennoch rate ich zur Vorsicht beziehungsweise nehme ich davon im Grunde nichts an. Nicht dass ich moralisch so integer wäre – es ist schlicht die Angst vor dem Tag, an dem einem all diese Privilegien wieder entzogen werden.

Wenn der Anruf kommt: «Herr Becker, wir hätten gerne die IWC-Uhr zurück.» – «Frau Siegel, Sie können den Jaguar natürlich gerne weiterfahren. Es kostet jetzt allerdings 800 Euro im Monat.» – «Herr Sander, Economy fliegen ist doch auch schön.»

Was zerbreche ich mir darüber auch meinen Kopf.

Ich falle ohnehin eher in das Raster der Gesichtsbekannten. Einmal zu viel in der NDR Talkshow gesessen oder bei Lanz, weil Wolfgang Bosbach bei der Moselrundfahrt war – schon kann es passieren, dass dich Menschen in der Bahn oder im Restaurant taxieren. Dabei ist es aber völlig offen, ob sie glauben, dich aus dem TV zu kennen, oder du nur der lustige Animateur im türkischen Ferienclub warst. So weit liegt das ja auch nicht auseinander.

Da war diese ältere Frau, die mit ihrer Teenager-Enkelin einen Tisch weiter im Restaurant saß und mich abscannte wie der Terminator.

«Woher kenne ich SIE denn?» Das ist unter allen schlimmen Fragen die Höchststrafe. Bedeutet es doch, dass das Gegenüber erwartet, dass du mit ihm deinen kompletten Wikipedia-Eintrag durchdeklinierst, bis es klingelt. In meinem Fall ist das nicht weniger als

die schiefe Symphonie des Scheiterns. Ein Branchenbuch des Blöd-
sinns. RTL II, Pro7, ARD, Sat.1 ... Sie kennen mich ja.

Schwitzend und zitternd wie Richard Nixon bei David Frost gab
ich irgendwann zu, mal was im NDR moderiert zu haben.

Daraufhin ließ sie zufrieden von mir ab. Beruhigend aber, dass
nicht nur ich litt.

Die Enkelin errötete ob der aufdringlichen Fragetechnik ihrer
Großmutter zusehends. So beharrlich hätte die junge Frau mich
sicher nicht verhört.

Sie hätte mich wahrscheinlich einfach nur gefragt, ob ICH für
den komischen Geruch hier verantwortlich bin.

Auch eine Art Haken. In die Leber.

Macht Platz!
Warum alles verschwinden muss

Warum ich immer wieder mal durch meine Heimatstadt Castrop-Rauxel fahre, kann ich gar nicht so genau erklären. Es ist ja nun nicht so, als sei diese Stadt eine Art architektonische Perlenkette, bei der sich Sehenswürdigkeit an Sehenswürdigkeit reiht.

Vielleicht ist es Heimatliebe.

Vielleicht das Stockholmsyndrom.

Womöglich auch so eine Art Programmierung, die mir nichts anderes übriglässt, als mich immer wieder die alten Bahnen ziehen zu lassen. Wie ein Saugroboter. Oder ein schwermütiger Tümmler in seinem Bassin, ignorierend, dass die Menschen und sogar die Gebäude um ihn herum längst andere sind.

Da, wo ich langkurve, sitzen längst nicht mehr die Mädchen von damals. Ja, nicht einmal mehr die Eisdiele gibt es. Dieses Eiscafé am Ring.

Eiscafés. Traditionell die zentrale Schlüsselreizvergabestelle, an der hochgepimpte Golfs, Polos oder Opel Astras ihrer Bestimmung zugeführt wurden.

Lange bevor sich offenbar jeder priapistische Shishaheinz einen Lamborghini leisten konnte.

Hier wurde gebalzt, was die vollen Hormontanks hergaben.

Und nur gnadenvolle Geilheit konnte es möglich machen, sich hier wohl zu fühlen, da Eiscafés traditionell derart geschmacklos eingerichtet sind, dass das Auge kaum auf dem zu begattenden Gegenüber verweilen mag.

Absurd geschwungene Stühle mit wenig einladenden Metallrahmen, Lederbezüge in grotesken Farben und eine mehr als nur direkte Beleuchtung, die nach sofortiger Herz-OP schreit.

Hier habe ich Milchshakes getrunken, lange bevor klar war, dass Kuhmilchprodukte der Teufel sind und kurz bevor Spaghetti-Eis dem Alkohol Platz machen musste.

Wenig später entdeckten wir das «Journal» – eine Kneipe, deren Namen das Treiben im Laden deutlich zivilisierter erscheinen ließ –, dann entdeckten wir den weiblichen Teil der finnischen Austauschschülerschar, dann entdeckten wir B52s: Kurze, die man anzünden konnte.

Dass man die zartblaue Flamme vor dem Trinken auspusten muss, entdeckte ich auf die harte Tour.

Heute ist alles weg. Die Eisdiele. Die Kneipe. Die Tanzschule ist noch da. Hier habe ich mit 15 den Grundkurs belegt. Im Frühjahr. Den Sommer über wollte ich freihaben und im Herbst dann den Aufbaukurs machen. Als es im September so weit war, war Tanzen bereits so uncool, dass allein der Gedanke, mich dort noch mal anzumelden, einer Beleidigung gleichkam.

Der Abschlussball damals sollte einen bleibenden Eindruck hinterlassen: In den Wochen davor meldeten sich ein paar wirklich nette Mädels, die mich gerne begleitet hätten. Ich, Pubertiger, der ich war, hatte aber eine ganz andere Beute im Visier und hielt die Bewerberinnen mit einem lässigen «vielleicht» hin. Kurz vorm Tag X allerdings hatte mein Plan einen eklatanten Haken: Ich hatte meine Herzdame zwar auserkoren, aber nicht im Geringsten den Mumm, sie zu fragen, ob sie mich begleiten will.

Dumm. Die illoyalen Groupies hatten sich mittlerweile ihrerseits anderweitig getröstet, und so stand ich vorm Anpfiff ohne Partnerin dar.

Am Ende trieb mich die Panik in die Arme der langen Rothaarigen.

Was deutlich weniger feurig war, als Sie es hier herauslesen könnten.

Es war scheiße. Und sollte mir ewig eine Lehre bleiben. Bei der Wohnungssuche. Beim Autokauf. Mittlerweile schlage ich panisch beim ersten Mist zu.

Die Kurbel ist auch weg. Das Kino. Hier hat «Onkel Egbert», ein freundlicher älterer Herr, der aussah wie ein israelischer Diplomat, noch alle mit Handschlag begrüßt.

Hier habe ich «Indiana Jones II» geguckt, «Armageddon», bei «Jumanji» hab ich geknutscht und gefummelt, bei «Wayne's World» bin ich eingeschlafen. Nicht, dass der Film so schlecht war. Ich habe damals in den Ferien auf dem Bau gearbeitet, und die körperliche Arbeit hat mich so fertiggemacht, dass ich sogar die «Bohemian Rhapsody»-Szene im Auto verpasst habe.

Kino eins war ein großer Saal. Kino zwei kaum größer als ein Wohnzimmer, und wer zu spät kam, musste in Reihe eins sitzen. Was vor allem in action- und schnittlastigen Filmen zu einer echten Belastung wurde. «Casino» war schwierig, «Stirb langsam II» nicht zu schaffen.

Schnettelker ist auch weg. Das Spielwarenfachgeschäft, das ich mein Leben lang kenne. Damals haben wir uns hier mit Sehnsüchten vollgepumpt und darauf gehofft, dass sich alles zu Weihnachten entladen möge.

Darda-Bahnen, Mask, He-Man und TKKG-Kassetten.

Heute ist in dem Ladenlokal ein Ein-Euro-Shop. Fast ein Hohn. Als hätte man buchstäblich meine Kindheit hinter mir abgeschlossen und den Schlüssel weggeworfen.

Aber was rede ich: Kaum habe ich mein Elternhaus verlassen, hat meine Mutter aus meinem Wohnbereich einen begehbaren Kleiderschrank gemacht.

So viel zum bleibenden Eindruck, den man hinterlässt.

Fuck, sogar meine Grundschule ist weg!

Planiert. Da steht jetzt ein Rossmann drauf. Wo früher dreißig Kleiderhaken hingen, kann man jetzt ungefähr dieselbe Menge Shampoos kaufen.

Den Frontalunterricht übernimmt jetzt das Einkaufs-TV.

Es wirkt fast so, als habe man meine Kindheit buchstäblich aus-radiert.

Die wilden Wiesen sind weg. Die leerstehenden Gruselbauten. Wenigstens das alte Freibad ist noch da. Gut, das Schwimmbecken ist leer, und das Gebäude wird als Restaurant genutzt, aber immer-hin: Der Korpus ist noch da, und es brennt noch Licht.

Habe ich ein Recht, mich zu beschweren?

Ich bin ja kaum dort. Haben die dort Gebliebenen nicht auch ein Anrecht auf Erneuerung?

Heimat ist der Ort, der bitte komplett unverändert bleiben soll, damit wir, wenn wir alle paar Monate mal dort durchfahren, unsere Erinnerung ja nicht demontiert sehen.

Aber Heimat ist kein Baum, an dessen Wurzeln wir gepinkelt haben.

Auch diese Orte sind dynamisch.

Und es ist natürlich gut und richtig so, dass es diese Umwälzun-gen gibt, die Orte von damals nur noch als Fossilien in den unteren Schichten unseres Bewusstseins liegen.

Sonst würde ich jetzt wohl nicht in einem gentrifizierten Hips-terladen sitzen und bei Espresso macchiato diesen Text schreiben.

Die Pannemann Papers Part II

Im Februar 2016 standen Micky Beisenherz und sein Freund, der WDR-Moderator Tobias Häusler, wegen Rufschädigung und übler Nachrede vorm Landgericht. Beisenherz' Nachbar, Herr Wurstwasser*, hatte nach einer folgenschweren Namensnennung und ca. zweiminütigen Amüsements über ebendiesen live auf der Antenne den WDR, Häusler und Beisenherz auf Schmerzensgeld verklagt. Eine einmalige Erfahrung für beide.

Hier lassen beide noch einmal ihre schöne Zeit vor Gericht Revue passieren.

Beisenherz: «Tobias, was ich schon direkt vor dem Gerichtsgebäude an dir bewundert habe: Mit deiner Middelhoff'schen Aura bist du ganz klar ein Typ für die Anklagebank. Ich hatte fest damit gerechnet, dass du jeden Moment aus dem Toilettenfenster springst und flüchtest.»

Häusler: «Ich vergesse deinen ersten Blick auf meinen Anzug nicht, das arrogante Belächeln. ‹Oh, der feine Häusi, wieder klamottentechnisch das große Orchester!› Das sagte ausgerechnet der Mann, der sich wohl nicht mehr umziehen konnte – nach seinem Vorsprechen für ‹Oliver Twist›.»

Beisenherz: «Mir hat vor allem dein Heiratsschwindlertimbre Sorgen gemacht. Das provoziert bei Richtern ja meist qua Akustik sofort den Pawlow'schen Verurteilungsreflex.

* Namen von der Redaktion verändert. Intern aber bekannt und mit entsprechender Einnässung zur Kenntnis genommen.

Ich selbst hatte mir im Vorfeld schon gedacht, dass das eng werden könnte. Meine Hamburger Kanzlei meinte zwar ganz siegessicher, dass die die Nummer flott runtergebügelt hätten: ‹Der Fall wurde im Ruhrgebiet verhandelt.› Da kannst du aber schnell an den falschen Richter geraten, der nur auf so 'nen arroganten Hamburger Medienfatzke, der im Dschungelcamp regelmäßig Leute absaut, gewartet hat. Für mich war das 'ne Nummer, deutlich enger als die Schlafanzugbuxe von dem Mastdarm*. Siegessicher war ich echt nicht. Eher gespannt. Andere lassen sich in dunklen Kellern den Hintern versohlen.»

Häusler: «Haha. Ja. Oder wie Heiligabend mit 'nem ganz bösen Weihnachtsmann, und wir Kinder sind gespannt, wie hart er dieses Jahr zuschlägt. Eine Stunde vor Verhandlung – im Café – war die Stimmung angespannt, bis du vorgeschlagen hast, ich möge dich doch auf einer Sackkarre – eingeschnürt in eine Zwangsjacke und mit Maulkorb – in den Saal schieben. Ein Service, um den Beamten später deinen Abtransport zu erleichtern.

Das fand ich clever. Schweigen der Lämmer statt Lachen der Anderen. Im Angesicht eines Klägers mit einem Namen wie ein Fleischgericht hättest du sogar – frei nach Anthony Hopkins – zischeln können: ‹Ich kann deinen Braten riechen.›»

Beisenherz: «Hahaha, ja, sicher! Wir haben doch alle Gerichtsszenarien durchgetanzt! Ich war doch innerlich schon drauf vorbereitet, irgendwann zu schreien, dass ich den Code Red befohlen habe! ‹Sie können die Wahrheit doch gar nicht ertragen!› Am Ende ist das Ganze natürlich deutlich unspektakulärer. Nicht mal Geschworene. Nur ein Richter.»

Häusler: «Unfassbare drei Richter!»

Beisenherz: «Na ja. Gut, diese Mitrichterin, die aussah wie die eine von dem Ehepaar, das seit 40 Jahren im WDR kocht. Dann noch eine Art Praktikantin. Und eine Gerichtsschreiberin, die vorher extra noch beim Friseur war. Frische Tönung. Ich Ochse wiederum hatte nicht mal 'nen Anzug an. Aber 'n Hemd! Immerhin.

Ich wollte mich wohl nicht übertrieben zivilisiert geben. Das hätte verlogen gewirkt.»

Häusler: «Natürlich war das ein Anzugtermin. Du hattest genug Zeit für diese Erkenntnis: Die Schlange vor der Sicherheitsschleuse war ja unglaublich lang. ‹Höchstens zwei Sterne bei Yelp›, meintest du. ‹Geile Location, aber kranke Türpolitik›, kommentierte ich. Gelacht hat niemand.»

Beisenherz: «Doch. Ich. Ey, ich hatte so Angst, plötzlich im Gerichtssaal lachen zu müssen. Ehrlich. Stell dir mal vor, die hätten die Klageschrift noch mal vorgelesen! Allein die Passage mit der verbeulten Schlafanzughose und dem alten, röchelnden Mann! Du bist in der Situation ja auch schlagartig wieder 15. Sitzt da wie Ratz und Rübe, die zum Rektor gerufen werden. Ganz unwürdig. Du bist plötzlich kein Erwachsener mehr.»

Häusler: «Ich hab erst heimlich ein Foto von dir gemacht – schick ich dir noch – und mich dann auf den Anwalt der Gegenseite konzentriert. Das half.»

Beisenherz: «Himmel, ja. Der tat mir so herrlich leid. Kennst du noch diesen hageren US-Schauspieler? DJ Qualls! Der hatte in ‹Road Trip› mitgespielt und wurde da von 'ner dicken Schwarzen flachgelegt. Circa 28 Kilo Winkeladvokatur. Sein Leitz-Ordner war schwerer als der! Mit dem hatten wir uns vor dem Saal noch ganz nett unterhalten. Ich hatte dem so gegönnt, dass er den Fall gewinnt. Er wirkte so dauergeschubst. Netter Kerl.»

Häusler: «Immerhin hast du den Anwalt der Gegenseite früher kennengelernt als deine eigene.»

Beisenherz: «Das ist richtig, ja. Meine eigentliche Anwältin musste zur Fortbildung und hat Ersatz organisiert. Sie wollte beim 1:7 vermutlich nicht selber auf dem Platz stehen, denke ich.»

Häusler: «Ich hab mich richtig erschrocken, als deine Junganwältin da auftauchte, Ende 20 vielleicht. Und dann zückt sie die Visitenkarten mit den Worten: ‹Heute morgen erst geschickt bekommen, nehmen Sie ein paar. Aufregend alles.› Da war mir klar: Die behalten dich hier, ich werde dich nie mehr wiedersehen.»

Beisenherz: «Ich war noch viel erstaunter, als ich Frau Labskaus* sah. Die hatte plötzlich graue Haare! Seit ich die kenne, hat die rotbraune Haare. Plötzlich ist die grau! Wie um das Leid, das ich über sie und ihren Mann gebracht habe, visuell darzulegen. Die komplette Lebensminderleistung sollte mir angehängt werden!»

Häusler: «Du hattest sie nur an ihrem fußmattengrauen Teint erkannt, oder?»

Beisenherz: «Wirklich! Absurd, echt. Die haben ja in einem weiteren Schreiben dargelegt, welch unsägliche körperliche Qualen ich ihnen bereitet habe. Er speziell hat seit der Show Schlafstörungen, schwere Darmträgheit und eine – Zitat! – ‹fünfmarkstückgroße Neurodermitis auf der Brust›, Tendenz: wachsend. Wie gefährlich das wohl in Euros ist? Noch mal: Wir reden von einer zweiminütigen Passage bei WDR 2. Ohne eine einzige echte Beleidigung.»

Häusler: «Jetzt lachen wir. Im Saal waren wir still wie seit Jahrzehnten nicht. ‹Wo soll ich denn sitzen?› Das war deine erste Frage im Saal. Wie schockiert dich alle ansahen! Der Mann mit Bart sprach unaufgefordert. Einfach so. Vor einem Landgericht. Der Laserblick des Richters. Das Ringen um Fassung. Er in Zeitlupe: ‹Wer. sind. Sie. denn. überhaupt?› Mein Anwalt hauchte: ‹Setzen Sie sich einfach nur hin! Bitte!› Kurz gesagt: Das Eis war gebrochen. Was doof ist, wenn man draufsteht.»

Beisenherz: «In dem Moment fühlte ich mich wie O. J. Simpson. Nur schuldig, halt. Für Dosenwurst* muss es eine innere Bukkake-Party gewesen sein. So demütig hat er mich nie gesehen.»

Häusler: «Übrigens kenne ich bis heute den Kläger nicht von vorn, sondern nur von der Seite. Er hatte sich ja so gesetzt, dass er zwar aus dem Fenster sehen konnte, nicht aber uns Beklagte. Fast wäre ich aufgestanden, um den Rentner aufzuklären, dass wir uns weiter links im Raum befinden. Falls er Interesse habe. Na ja. Bis heute kenne ich in jedem Sinne nur seine Schattenseite.»

Beisenherz: «Er besteht ja auch nur aus Schattenseite. Ich war überrascht von seiner Versteinerung. Da war irgendwie nix. Kein Furor, kein Hass. Dafür fand mich der Richter so richtig klasse. Und die Justizschergen neben ihm. Diese menschliche Kühlkette. Mein Hochzeits-DJ-Charme war komplett wirkungslos.»

Häusler: «Nach Minuten des Schweigens diktierte der ins Protokoll, ‹M› (ich, der Moderator) hätte sich die Aussagen des ‹Beklagten zu 1› – so nenn ich dich ja heute noch – ‹nicht zu eigen› gemacht. Daraufhin ließen sich alle Vertreter des WDR auf die Rückenlehne ihrer Stühle fallen. Ich war ja damit raus aus der Nummer. Meine Aufgabe war jetzt nur noch, neben dir zu sitzen und dir was zuzumurmeln. Was ich auch tat. Mantraartig. ‹Bleib ruhig. Sag nichts.› Es fiel dir schwer.»

Beisenherz: «Ich wusste ja auch nicht, wo ich gerade stehe! Der Puls ging rauf und runter. Diese Hefter-raus-Klassenarbeits-Atmosphäre. Wenn dich der Richter erst mal spüren lässt, dass er das alles persönlich richtig dämlich findet, kannste schlecht schon das Victory-Zeichen machen. Der Judge wurde ja noch richtig sauer, als meine Anwältin den Fall so verkaufen wollte, als hätte ich lediglich EINMAL seinen Namen genannt. Ich mein, es lag ja eine offenkundige Beömmelungsabsicht vor.»

Häusler: «Sicher, aber eben ohne jeden Gag über seinen Namen! Immer wieder haben sich die Richter dann zurückgezogen, weil sie dir zwar einen abartigen Humor bescheinigten, aber ... tja ...

Ich hab dich noch nie so schweigsam erlebt und habe die Zeit genutzt, um alle Anwälte gemeinsam ausrechnen zu lassen, zu welchem Kurs du dich gerade rauskaufen kannst. Das ging bei 14 000 Euro los, dann hieß es Nulltarif, dann waren es plötzlich 3000, dann wieder 9000. Vor Gericht und auf hoher See ... Ich hatte die Papiertüte für meinen seekranken Oliver Twist schon in der Hand.»

Beisenherz: «Ohne eine öffentliche Bewertung der Kanzlerin ist eine Schmähung ohnehin wertlos, finde ich.»

Häusler: «Zum Glück hast du das mit der Uhr gelassen.»

Beisenherz: «Ach, jau. Ich wollte erst die Armbanduhr abnehmen und sagen: ‹14 000? So, komm, das dürfte für alles reichen, denk ich. Von dem Rest streicht den Bums mal hier neu und kauft ein paar schöne Stühle. Ist ja nix fürs Auge hier.› Hab ich dann aber gelassen. Hätte unsympathisch gewirkt.»

Häusler: «Hätte sicher nichts verschlimmert. Tapfer fand ich deine Einschätzung, dass du eigentlich bereit bist, jeden Betrag zu zahlen, solang ‹der› keinen Cent persönlich davon hat. Ich verstand dich echt nach nur einer Stunde Seitenansicht.»

Beisenherz: «Als der Richter den Satz anfing mit ‹Ich kann nicht erkennen, wo hier ein niveauvoller Komiker am Werk gewesen sein soll›, war mir klar: Die 14 000 Euro sind weg. Das geht hier gerade richtig in die Buxe. Dann aber machte er weiter mit ‹... dennoch sehe ich nicht, wo auf Grundlage dieses Schreibens einem Antrag auf Schadensersatz stattgegeben werden sollte›. Plötzlich war ich wieder im Rennen! Justitia, du geile Sau. Was für ein Wellental ...»

Häusler: «Dein Auftritt kam gegen Ende.»

Beisenherz: «Du meinst die verlangte Entschuldigung? Das fiel mir ja wirklich leicht.»

Häusler: «Wir hatten im Café morgens noch den Satz gebaut, der so viel Entschuldigung enthielt wie ... Ich sag mal, der Fruchtanteil in einer Capri-Sonne ist höher.»

Beisenherz: «Ich habe mit dieser Entschuldigung den Konjunktiv III erfunden. In etwa so: ‹Sollte Herrn Pressfleisch* im Zuge der Ausstrahlung dieser Sendung Unwohlsein oder körperlicher Schaden entstanden sein, dann täte mir das natürlich sehr, sehr leid.› Mit der Formulierung hätte ich sogar Ken Jebsen TTIP unterschreiben lassen können. Ein Meisterwerk der Etwaigkeit. So dermaßen dünn. Eine Art Entschuldigungs-Schorle.»

Häusler: «Waren aber alle zufrieden. Du hast aus gutem Willen deine Anwaltskosten selbst übernommen, und der Kläger muss die Verfahrenskosten und den Rest zahlen. 12 000 Euro. Plus 4 Euro für mein Parkhaus übrigens. Kein Witz.»

Beisenherz: «Jetzt haben die von seiner Rechtsschutzversicherung die fünfmarkstückgroße Neurodermitis auf der Brust. Da dürfte jetzt Feierabend sein.»

Häusler: «Ich hatte deinen Anteil mit den Anwaltskosten schnell ausgerechnet: 1900 Euro sind viel Geld. Aber wenn du diese wunderbare Erinnerung jetzt 40 Jahre lang erzählst, zahlst du dafür nur 13 Cent am Tag. Noch weniger wird's, wenn du darüber bei Stern.de schreibst, witzelte ich. Wohl wissend, dass die das im Leben nicht veröffentlichen werden.»

Beisenherz: «So bekloppt werden die nicht sein, nein.»

Häusler: «Als klar war, dass sie keine Handhabe gegen dich haben, hat der Anwalt der Gegenseite dir ja noch hilfreiche Tipps gegeben.»

Beisenherz: «Scheiße, ja! Stimmt! Der hat an meinen guten Willen appelliert. Ich könnte ja, wenn ich wollte, den Namen seines Mandanten ab sofort überall einbauen. In Kochsendungen oder so. Und sie könnten nix dagegen tun. Wenn einen der Anwalt der Gegenseite so konkret animiert, ist das schon etwas verstörend.»

Häusler: «Das war doch 'ne Falle. Im Ordner war jedenfalls noch Platz. Aber auch wenn wir jetzt klingen wie Opfer und Retter am Ende einer Folge ‹Notruf›: Der Unfall hat uns noch enger zusammengeschweißt. Unsere Familien sind gute Freunde geworden.»

Beisenherz: «Die großen Kriminalfälle Deutschlands. Zurwehme, Heidemörder, Honka. Heinz Strunk wird ein Buch über mich schreiben. Na ja, vielleicht wenigstens Akif Pirinçci.»

Häusler: «Wie hieß es immer im Sendungsprotokoll über mich, über ‹M›, den Moderator? ‹M lacht.› Und M lacht echt bis heute. Ich glaube, so viel hatte M in 50 Jahren Bond nicht zu lachen. Beisi, mein Beklagter zu 1, machen wir doch dieses Jahr bei meinen Nachbarn weiter. Meine heißen leider nur Sporenberg. Aber dir fällt sicher was ein.»

Beisenherz: «Sicher. Erst mal muss ich aber gucken, wie ich meine Wohnung über Katenkeule* untervermietet kriege. Ich schwanke gerade zwischen achtköpfiger Flüchtlingsfamilie und Cracklabor. Vielleicht reicht aber auch Ben Becker.»

(M lacht.)

Tobias Häusler, Jahrgang 1980, ist Moderator im WDR Fernsehen und trat im Radio die Nachfolge von Christine Westermann im «WDR 2 MonTalk» an. Micky Beisenherz war am Abend des 6. Dezember 2014 der erste Gast seiner Show, den sich Häusler selbst gewünscht hatte. Die Show ist (in dieser Form) mittlerweile eingestellt.

Die Diktatur des Dummen

Maschinen. Sie erleichtern unseren Alltag schon jetzt ungemein.

Der Kühlschrank, der von sich aus Speisen nachordert, wenn er feststellt, dass das Kilo-Glas Nutella zur Neige geht, der Korn alle ist oder Herrchen etwas dünn ausschaut.

Der Thermomix, der dem Vernehmen nach sogar aus Sägespänen und Katzenfutter ein Drei-Gänge-Menü zaubert.

Und natürlich Alexa, die auf Verlangen sogar den Herzschrittmacher des nervigen Nachbarn abstellt. Die Digitalisierung ist toll. Auch wenn sie nicht so schön aussieht wie Precht.

Ich hätte gerne auch diesen Text komplett ins Telefon diktiert. Wenn einem am Gegenüber aber etwas liegt, so tut man gut daran, alles noch einmal Korrektur zu lesen. Es sei denn, man möchte die nächsten Jahre verbringen wie Gustl Mollath.

Man sollte ja meinen, dass der Benutzer und sein Gerät im Laufe der Jahre eine solche Einheit bilden, dass Siri, die Sprachassistentin, einen versteht, aber nein: Auch nach Jahren wird so ziemlich jeder gesprochene Satz falsch verstanden und missgedeutet. Also im Grunde genommen eine völlig normale Paarbeziehung.

Unlängst schrieb ich einen Text über unseren Nationaltrainer. Ich diktierte ins Telefon den Namen «Jogi Löw», woraus umgehend ein «Juwel Löw» wurde. Ein Attribut, das sich mit der derzeitigen Empfindung ihm gegenüber kaum decken dürfte.

Das Monbijou Hotel in Berlin war dem Telefon gänzlich fremd. Stattdessen sollte ich im «Mobil Schuh Hotel» einchecken. Ein spannendes Konzept, das so durchaus nach Berlin-Mitte passen würde.

Mit der aktuellen Bundesregierung springt die Diktierfunktion besonders gnadenlos um. Da wird aus GroKo einfach mal «Hohoho» – eine ungeheuerliche Abschätzigkeit gegenüber den tapferen Volksvertretern, wie ich finde.

Der Islam ist kaum besser dran. Eine Weltreligion, herabgewürdigt auf die lapidare Feststellung «der ist lahm». Kein Wunder, dass Muselmanen in aller Welt wütend mit dem Schlappen auf Smartphones kloppen.

Meine Frau, überzeugte Feministin mit Geburtsort Teheran, sah sich mit der machohaften Attitüde des ignoranten Apparates konfrontiert: Eine Perserin ist hier gleichbedeutend mit «Tänzerin». Na, das ist ja wohl …!

Zumal sie wirklich eine entsetzliche Tänzerin ist.

Gut, im Falle von Trump einfach «träum was» zu schreiben, ist gleichzeitig angebrachte Animation zur Ausblendung aktueller Politik wie auch schonungslose Bilanz der politischen Visionen des erratischen Orang-USAns.

Mein Gott, dieses Gerät hätte mich, mangelnde Kontrolle vorausgesetzt, schon x-mal in höchst unangenehme Situationen bringen können.

Da wird ein Kenner zum «Kellner», Homer Simpson verkehrt sich in die ungewöhnliche Tätigkeit, einen «Hummer simsen» zu wollen, und die Liebesmüh endet in etwas, das so auch der Beginn einer Kolumne von Franz Josef Wagner sein könnte: «Liebes Huhn».

What the actual fuck?

Wo ich gerade fluche:

Auch die Autokorrektur offenbart vieles über den Besitzer des Devices:

Schreibe ich zum Beispiel das Präfix ver-, vervollständigt das Kleinhirn in meiner Hand von sich aus mit Worten, die ihm aufgrund der Häufigkeit der Benutzung am wahrscheinlichsten erscheinen. Statt verpflichtet steht dort dann eben «verfickt», «verkackt», «verschissen» – und das ist kein Song von Wolle Petry, nein.

So etwas möchte man nicht abschicken. Manchmal allerdings ist das Gerät so schnell, dass sogar Freundschaften ernsthaft bedroht sind.

Ich begann eine SMS mit einem unverfänglichen «Du bist doch». Das war anscheinend nicht hart genug. So bemächtigte sich die Autokorrektur der Zeile und machte daraus einfach ein simples wie harsches «Du bist dick» – und schickte das Ding auch umgehend AB!

Nicht einfach, das zu erklären.

Klar, ich bin ja selber schuld. Meine mitunter rustikale Ausdrucksweise scheint beim digitalen Sekretär teilweise den Impuls auszulösen, mich zu einem Besseren zu korrigieren.

Schreibe ich zu Recht wütend auf das inkompetente Unternehmen abfällig Pissbahn, so lese ich plötzlich «Wissmann» und frage mich, was unser ehemaliger Wissenschaftsminister damit zu tun haben könnte.

Und dann gibt es poetische Momente, die mir schlicht kaputtgemacht werden.

Da fällt mir zum Beispiel ein Satz ein wie: Ich bin froh, glücklich und dankbar, dass ich die Chuzpe hatte, Dich zu lieben.

Na, das ist doch wunderbar, nicht.

Nicht aber, wenn der Satz so die Adressatin erreicht: «Ich bin froh, dass ich die Hurtz behaarte, Dich zu lieben.»

Wer behaart denn die Hurtz? Warum? Wer ist zu so was fähig!

Und wie kann man jemanden noch lieben, wer sich zu so was hinreißen lässt!

Gut, anstatt Bierhoff «Bier auf» zu schreiben, DAS ist ein Imperativ, dem ich nur zu gerne Folge leiste.

Aber den Neologismus «hochgedönert», wo eigentlich hochgedonnert stehen sollte, den kann mir keiner wirklich erklären.

Eine Art Karrieresprung in der Fleischabfallverarbeitungsindustrie?

Ich vermag es nicht zu sagen.

Die behaarte Hurtz ebenso wenig.

All das ist gewiss unschön und birgt stets die große Gefahr, mich vor anderen dumm dastehen zu lassen.

Was mich aber WIRKLICH ärgert: Nicht ein Mal, nicht ein einziges Mal hat dieses dumme Programm es geschafft, meinen Namen richtig zu schreiben.

Ich meine, Siri gilt als lernfähig.

Es hat jedoch nie hingehauen, auf ein von mir eingesprochenes Micky auch nur einmal den korrekten Namen in die Verabschiedung zu schreiben.

Am Ende einer jeden Mail, SMS, WhatsApp konnte man nach «Liebe Grüße» so ziemlich jeden Namen lesen. Nur eben nicht meinen.

Michi, Michel, Nikki, Micky, Winni, Ecki, Willi, ja, sogar Flöcki (!).

Flöcki?!!

Warum nur?

Und hat es einmal geklappt, so bindet es die Mail in Versalien ab, als wolle Siri damit prahlen, den Namen endlich einmal richtig geschrieben zu haben.

Liebe Grüße,

MICKY

Was soll denn so was?

Ja, es mag sein, dass die Maschinen irgendwann die Menschheit unterjochen. Aber nachdem, was ich so erlebe, wird es bis dahin wohl noch ein paar Tage dauern.

Oder das Gerät ist bereits so schlau, dass es mit der gezielten Namensverwechslung seinen Besitzer mürbe machen und in die wahnsinnsbedingte Handlungsunfähigkeit treiben will.

Dafür muss Siri dann echt schon Hurtz behaaren.

Liebe Grüße,
Ihr Flöcki

Ein Kessel Beiges

Der Unterschied zwischen Geburtstagen und Verkehrsschildern ist doch: Je höher die runde Zahl, desto weniger freut man sich.

Womöglich ist dies das letzte Mal, dass ich ein Jubiläum gelassen hinnehme.

40. Mitte des Lebens. Was übrigens nicht zertifiziert ist. Es kann also gut sein, dass man das «Bergfest» heiter feiert und den nächsten 40 gelassen entgegenblickt, während da oben irgendeiner schon weiß, dass du gerade den Eintritt in dein letztes Lebensachtel begießt. Vielleicht besser doch kein Bungeejumping.

Und überhaupt: Wie geht's jetzt weiter?

Wann genau ist der Zeitpunkt, an dem der Mensch seine Zuneigung zum Farbton (!) Ocker entwickelt? Ist es eine schleichende Verockerung, die ihren Lauf beginnend bei den Fußnägeln nimmt und dann langsam körperaufwärts wandert und sogar von den Textilien Besitz ergreift?

Findet man eines Tages einen Brief in der Post vom Amt, der einen zum Tragen dieser beigen Seniorenuniform verdonnert?

Womöglich ist es auch eine Art getragenes Stockholmsyndrom. Man hat sich aufgrund fortschreitender Tüddeligkeit einfach so oft gestoßen, dass einem die Färbung der Pflaster plötzlich als echte Style-Alternative erscheint.

Und so marschierst du in einem Outfit im schicken Hansaplast-beige ins Café und bestellst dir zum Sprühsahne-Cappuccino einen Frankfurter Kranz, der nicht zufällig hervorragend auf deine Cargo-Weste abgestimmt ist.

Schon häufig bin ich an dieser Gastronomie vorbeigegangen, in der ausschließlich weißhaarig ondulierte Menschen sitzen und Kuchen essen. Von weitem sieht es fast aus wie ein Baumwollfeld.

In meiner Heimat Castrop-Rauxel gibt es das auch. Café Residenz. Das klingt ja schon wie eine ARD-Nachmittagsserie. Dort haben wir Omma Hildes und Tante Annelieses 60sten gefeiert. Auf dem Foto sehen sie dreißig Jahre älter aus als meine Mutter jetzt. Und die ist 70. Mit wenig Ambitionen, dort regelmäßig aufzuschlagen.

Diese Betriebe sind akut vom Aussterben bedroht, nehme ich an. So wie der ZDF Fernsehgarten, die CSU – oder eben ihre Kunden.

Oder wird meine Generation dort auch landen? Wo hängen wir im Alter herum?

Haben wir PlayStations mit altersgemäß riesigen Tasten?

Wann fängt das an, das Dasein als gelebter Sackbahnhof?

Wenn ich mir Schuhe nicht mehr wegen des Designs kaufe, sondern der Bequemlichkeit halber?

Letztens musste ich mich im Sneakers-Store schon dabei erwischen, wie ich beim Probetragen so eine wippartige Abrollbewegung gemacht habe.

In einer Welt, die aus den Fugen ist, brauchst du einen sicheren Stand.

So geht es los. Erst Crocs, dann Geox, und plötzlich bist du in den Fängen der Mephisto-Sekte und fährst auf der AIDA die Nordroute.

Im Laufe der Zeit nähern sich Träger und Schuh immer mehr an: nicht schön – aber funktioniert.

So ein Verhalten ist in der Natur beim gefallgebundenen Weibchen zum Beispiel gar nicht vorgesehen.

Frauen, die sich eine «praktische» Frisur zulegen, haben sich bereits aufgegeben.

Grau werd ich. Werde ich bald weiß?

Oder stemme ich mich dagegen, indem ich anfange, mir das Nutella statt aufs Brötchen direkt in die Haare zu schmieren. Ein schickes Schröderbraun.

Immer häufiger ertappe ich mich dabei, in unterschiedlichen Situationen völlig unsinnige Altherrengeräusche von mir zu geben. Stöhnen beim Aufstehen, Sitzen, in die Gegend gucken. Die Inuit haben angeblich 1000 verschiedene Begriffe für Schnee.

Der Mann 1000 verschiedene Geräusche für «Ich sollte das mal untersuchen lassen».

Werde ich die nächsten vierzig Jahre in Wartezimmern verbringen?

Zumindest ein erster Schritt ist getan:

Mit dem *Stern* liege ich hier ja ohnehin schon regelmäßig (aus).

Ich geh jetzt mal zum Schrank und sortiere die beigen Sachen aus.

Sicher ist sicher.

In Chino Veritas

Das Glück. Ich habe es gesehen. In Hamburg. Beim Herrenausstatter.

Der schlanke Spätfünfziger, Typ Steppjackenaficionado mit Logen-Dauerkarte für den HSV, kommt aus der Umkleide. Mit einem Schwung, für den er selbst von Joachim Llambi die Höchstpunktzahl bekommen würde, dreht er sich um die eigene Achse. Sein Blick fällt umgehend auf sein Hinterteil, das sich seit eben in einer noch zu kaufenden Joker-Jeans befindet. (Vermutlich ist es in dem Preissegment des Ladens eine Armani-Jeans, aber bei solchen Typen sieht eh jede Hose aus wie Brax.)

Das Kritische in seinem Blick wird binnen weniger Sekunden zu blanker Verliebtheit. Sanft streicht er mit der Hand über die Kurven seines Hinterns, als sei er der Kotflügel eines Ferrari Daytona oder die Armlehne eines Eames Lounge Chair.

«Toller Sitz», so fährt er ungehemmt fort.

Theoretisch müsste er sich selbst wegen sexueller Belästigung anzeigen.

Es wirkt aber sehr einvernehmlich.

So ein Altherrenhintern ist eine spannende Angelegenheit.

Ist man die ersten fünfzig Jahre mehr oder minder erfolgreich bemüht, einen bradpittigen «Knackpo» (*Gala*) zu kriegen oder zu erhalten, teilt sich die Steißfraktion fortan zunehmend in zwei Lager: War es eingangs mal ein Apfel, so tendiert das Ganze entweder Richtung platte Dörrdattel oder halbfauler Winterkürbis.

Nur wenigen ist der Segen beschieden, bis in die Siebziger hinein über ein Gesäß wie ein 15-jähriger Tutsi-Krieger zu verfügen.

Allerdings hat dieses Glück nicht selten eine Kehrseite: vorne. Diese Exemplare habe ich schon beobachtet, wie sie, die Hände wie eine stolze Drillingsmutter in die Hüfte gestemmt, in ihrer Trigema-Badehose an der Playa de Palma standen und eine zum Zerbersten gespannte Bierpocke in die Seebrise hielten.

Ein wahrlich beeindruckendes Zusammenspiel gänzlich unhomogener Körperseiten.

Und so ein Anus ist rein biologisch nicht sinnlos.

Ein muskulöser solcher signalisiert dem archaisch geprägten Weibchen schon aus der Ferne, dass der Kerl gut rennen, sie im Fluchtfalle packen und wegrennen oder, ja, klar, auch besteigen kann.

Paviane wissen das eigentlich nicht, weil sie in der Regel wenig lesen. Dennoch machen sie sich diesen Umstand zunutze und beeindrucken seit Jahren durch ein beeindruckendes After-Wettrüsten. Teilweise übertreiben sie es mit der Po-Prahlerei bis ins Groteske, sodass sie mitunter ein knallrotes Gebamsel als verlängerten Rücken mit sich herumschleppen, das in Form und Farbe sogar den Kopf von Uli Hoeneß in den Schatten stellt.

So weit ist unser Freund im Modefachgeschäft allerdings noch nicht.

Wie Narziss am Teich verharrt er eingedreht wie eine Schillerlocke vor seinem Spiegelbild.

Seine Frontansicht ist ihm gerade genauso egal wie der Umstand, dass ich ihn mit Begeisterung anstarre.

Ein letzter Streichler über den eigenen Glutaeus besiegelt die Kaufabsicht. Auch der Verkäufer scheint geradezu geil geworden zu sein. In wenigen Sekunden wird dieser Mann vor der Tür des Modehauses zitternd die Zigarette danach rauchen.

Meine Gedanken sind in dieser Stunde bei den tapferen Männern des THW, die Dorian Gray sr. irgendwann in ein paar Jahren aus dieser Hose werden flexen müssen. Ob er den Weg über die Mönckebergstraße rückwärts Richtung Auto gehen wird, um mehr Passanten an dem prachtvollen Sitz seiner Jeans teilhaben zu lassen? Und wäre es nicht vielleicht möglich, Trump, Erdoğan oder Duterte für den Rest ihrer Amtszeit mit einer gut sitzenden Hose in der Umkleide eines Herrenausstatters zu beschäftigen, ohne die Restwelt weiter zu behelligen?

In Chino Veritas.

Mit Arschbombe in den Fettpool

«Und ... wann isses so weit?»

«Hm?»

«Na ja, wann das Kind kommt?»

Sie ahnen sicher, dass jetzt kein Kind kommen wird, sondern höchstens eine bittere Pointe.

So war es natürlich auch.

Etwas konsterniert schaut mich meine ehemalige Stufenkameradin Annika an und entgegnet:

«Das Kind ist ein halbes Jahr alt.»

Zu meiner Verteidigung sei gesagt, dass diese Rückbildungskurse nicht bei allen gleich gut und schnell anschlagen. Deutlich besser angeschlagen war ich, der ich mit ca. 1,9 Promille auf dem Abitreffen eigentlich nur etwas Nettes oder zumindest interessiert Wirkendes sagen wollte. Was offenkundig nach hinten losging. Auch mein Alkoholisierungserfolg war dahin, als ich nach diesem Fauxpas schlagartig nüchtern war. Das Ganze war mir unendlich peinlich. Entgegen anderslautender Meinungen ist es nämlich überhaupt nicht mein Ziel, Frauen einen micsen Abend zu bescheren. Und wenn doch, dann lade ich sie auf ein Date ein. Gute Beleidigungen, so hat der Philosoph Rocky Balboa mal gesagt, halten ein Leben lang. Dasselbe gilt für gravierende Peinlichkeiten. Was wenig verwunderlich ist – beleidigen sie doch unsere Selbstwahrnehmung und weisen uns als die Tölpel aus, die wir doch trotz all unserer Anstrengungen immer wieder sind.

Die Gründe, warum es dazu kommt, sind unterschiedlich. Oft wollen wir einfach nur Konversation machen, etwas Nettes sagen – oder halten schlicht die Stille nicht aus. Von der es danach zumeist einen ordentlichen Nachschlag gibt. «Ach, haben Sie heute Ihre Enkelin aufs Boot eingeladen?» ist zum Beispiel einer dieser Sätze, die man eher nicht äußern sollte, wenn man gerade nicht weiß, was man dem stolzen Mittsechziger mit der Blondine im Arm beim Betreten seiner neuen Yacht sagen soll.

In meinem Falle als Mitteilungsbedürftiger ist es oft das dringende Bedürfnis, die Bilder, die bei mir entstehen, auch kundzutun. So saß ich unlängst mit ein, zwei Freunden an einem Pool zusammen und sah in ein paar Metern Entfernung einen Mann um die fünfzig, der ein wenig aussah wie der Ost-Cousin von Matthias Reim. Auffällig waren vor allem seine blonden Blocksträhnen, die am Hinterkopf den Platz freimachten für eine stattliche Lichtung, die durch die pralle Sonne derart rot leuchtete, dass man das Gefühl hatte, «einem Pavian direkt auf den Arsch zu gucken». Ich fand das ein sehr griffiges Bild. Mein Kumpel Björn klärte mich dann diskret darüber auf, dass die nette Brünette neben uns wohl die Frau des Affenhinterns ist. Sie nahm es ungerührt hin. Ich glaube sogar einen Wunsch gespürt zu haben, diese Frisurverfehlung doch mal diskret an ihren Mann heranzutragen.

Wer will schon Überbringer schlechter Botschaften sein.

Wenn Überheblichkeit, der zwanghafte Drang, witzig zu sein, und dann auch noch ein paar Drinks zusammenkommen, ist die Arschbombe in den Fettpool kaum noch zu verhindern. Ungern erinnere ich mich an einen bierseligen Abend mit einem befreundeten Fernsehmoderator. Es war drei Uhr nachts, wir waren ziemlich benebelt in irgendeinem Club in Berlin (in dieser Stadt also Normalzustand), als sich ein junges Mädchen – vermutlich Groupie – überfallartig um seinen Hals schlang. Er ließ das über sich ergehen und kam kurz danach zu mir:

«Und? Verrückt, oder?»

«Jau. Diese Prostituierten kann man sich immer schwerer vom Hals halten, wa.»

«Das ist meine neue Freundin.»

Gulp.

Am nächsten Tag habe ich mich dann sehr lange am Telefon entschuldigt. Seitdem weiß ich: Wenn du einen gewissen Pegel hast, sollte in den Mund nur noch Flüssigkeit hinein-, aber auf keinen Fall mehr Worte herauskommen – und ansonsten, frei nach einem anderen Philosophen:

Einfach mal die Fresse halten.

Stadtfest

Wenn Sie das hier lesen, dann sitze ich gerade bei meiner Omma mit Filterkaffee und Kondensmilch in der Küche.

Wäre mein Schädel eine Heizung, so würde man jetzt wohl einmal das Entlüftungsventil betätigen.

Ich werde in meinem Elternhaus geschlafen haben (mein Kinderzimmer gibt es nicht mehr, das ist jetzt ein begehbarer Kleiderschrank. Danke, Mama) und mit meinem Bruder am Vorabend losgezogen sein. Denn es ist Stadtfest. In Castrop-Rauxel.

Im Grunde genommen wie das Coachella Festival oder Rock am Ring. Nur komplett anders.

Hier gibt es keine Influencerinnen, die sich vor einem Riesenrad fotografieren. Nur den Erin-Turm, stolzes Relikt, das an die vergangene Ära der schwarzgoldenen Steinkohlejahre erinnert.

Es ist eine seltsame Sehnsucht, die mich die 350 Kilometer vergessen lässt, die man von Hamburg zurücklegen muss, um in der Altstadt Teil zu sein von «Castrop kocht über».

Jaja.

Man muss der Stadt zugutehalten, dass man auf dieses Wortspiel schon kam, bevor das Fernsehen verhensslert und durchgemälzert wurde.

Seit rund 25 Jahren läuft die Marathonbetankung unter «Gourmetfest». Was auch viel charmanter klingt als «zum Saufen auf den Marktplatz». Wenn man dann fünf Tage am Stück dort verbringt, fühlt man sich eben nicht wie ein Fall für den Sozialarbeiter, sondern wie Wolfram Siebeck.

Im Kern hat man eine Reibeplätzchenbude durch einen Stand mit gebratenen Champignons ersetzt, und während man mit dem angewinkelten rechten Arm vier Bierbecher Richtung Clique bugsiert, hält man in der linken Hand statt Bratwurst einen Scampispieß. Früher bin ich die volle Distanz gegangen.

Fünf Tage Bierbudensafari auf dem Marktplatz der Altstadt: Mittwoch bis zum Feuerwerk am Sonntagabend.

Natürlich gibt es ein Feuerwerk, logo.

Der Deutsche bindet Festivitäten für gewöhnlich mit einem Feuerwerk ab, damit Emotionsunbegabte hinterher notieren können, gerade wohl etwas Spektakulärem beigewohnt zu haben.

Was mache ich eigentlich hier?

Wie so ziemlich jede Show mit Thommy Gottschalk ist auch das Stadtfest ein Heraufbeschwören der Vergangenheit, der Jahre, in denen man als Heranwachsender aus dem Ganzen eine Art Ferienlager gemacht hat, erst wieder nach Hause gekommen ist, als die Sonne schon schien und nach fünf Tagen in ein riesiges Loch gefallen ist.

Jedes Stadtfest ist ein einziges großes «Und was machst du so?». Ein mehrtägiges Klassentreffen, in dem es nicht selten darum geht, dass die Weggezogenen und die Dortgebliebenen sich kritisch beäugen, um im Blick des anderen so etwas wie Bedauern zu erkennen. Da werden salopp ausgegebene Biere zum Wahrheitsserum, das dem Exilanten irgendwann das Geständnis abnötigen soll, dass es zu Hause doch am schönsten ist.

Und wenn schon nicht das, dann soll beim Gegenüber aber wenigstens auch nicht alles so toll gelaufen sein. Das hier ist eine mehrtägige Messe, und das Produkt, das wir am (Bier-)Stand vertreiben, ist nicht weniger als unser Leben.

«Ach, du bist geschieden? Das tut mir leid.»

«Wie, und dann hast du mit 46 schon einen Herzschrittmacher?»

«Und DAMIT macht man so viel Geld?!»

Währenddessen spielt die Top-40-Band Songs von Bon Jovi und

irgendwas von Revolverheld. «Summer of 69» kommt auch noch, klar. Mit dem Leadsänger warst du in derselben Stufe.

Im Licht betrachtet ist es die etwas weniger hippe Variante dessen, das in der Großstadt eigentlich genauso bescheuert ist. Nur mit Leuten, die du wirklich magst.

Heimat ist dort, wo man dich schon am Bierstand freudig erwartet.

Und dir nach dem dritten Kurzen gesteht, dass du eigentlich immer schon ein Arschloch warst.

Nächstes Jahr geh ich auf jeden Fall wieder hin!

Zugteilungsstadt Hamm

Der Mensch neigt zur Prahlerei. Und wenn es schon nix zum Prahlen gibt, möchte man wenigstens individuell sein. Mike Krüger hat die Nase, Angela Merkel den unter ihr klebenden Stuhl und Reiner Calmund immer diese gutgeschnittenen Anzüge.

Was aber, wenn man selbst so gar nix zu verkaufen hat?

Dann hilft es immer noch, aus einer Stadt zu kommen, bei deren Namen es dem Gegenüber wohlig in den Ohren klingt.

Der Münsteraner tritt ja auch stets immer etwas akademischer auf als z. B. der Bottroper, nur weil er in einer Universitätsstadt lebt, selber aber so viel Zeit mit Studieren verbracht hat wie Pietro Lombardi oder Theo Guttenberg.

Als Vielreisender mit BahnCard (ich bin einer dieser Verrückten!) kommen mir viele Ortsnamen unter. Nicht wenige mit schickem Attribut.

Sie halten z. B. nicht in Wittenberg, nein, nein. Sie halten in der Lutherstadt Wittenberg!

Dort hat vor ziemlich genau 500 Jahren ebendieser Luther die Schlosskirche mit seinen Graffitis beschmiert. Oder so ähnlich.

Vielleicht kommen am 31. Oktober beim Stopp dort Luftballons von der Abteildecke, der Schaffner spricht Hochdeutsch. Womöglich lässt man auch einfach nur zur Feier des Tages den Halt nicht entfallen.

In der Autostadt Wolfsburg weiß man, wovon ich rede.

Wobei ich zur Stunde gar nicht weiß, ob die bei der derzeitigen

Sachlage überhaupt noch mit Autos in Verbindung gebracht werden wollen.

Auch von einer Schulzstadt Würselen hat man zuletzt nur noch wenig gehört.

Oft weiß ich gar nicht mehr, womit oder mit wem da eigentlich geworben wird.

«Fuggerstadt Augsburg» – klingt das jetzt nach Fachwerkhaus, irgendeinem Mittelaltermarkt oder einem beleidigenden Jugendslang?

«Ey, du Fugger!»

Die Ottostadt Magdeburg dürfte bei «den Kids» demnach auch einen signifikant hohen Anteil von Trotteln, eben Ottos, beherbergen.

Aber wer die Fuggers gleich noch waren? Keine Ahnung. Bestimmt 'ne dufte Truppe.

So wie diese Iren aus der Dom- und Kellystadt Köln.

Klar, Goethestadt Weimar, da schnalzt man natürlich ehrfürchtig mit der Zunge!

Goethe. Der hat buchdeckelharte Bedeutung für das deutsche Kulturgut und ist fast so wichtig wie Hirschhausen.

Entsprechend viele Orte kommen dann auch um die Ecke, um sich mit dem legendären Dichter zu brüsten: Ilmenau, Wetzlar, Bad Lauchheim, ja, sogar Frankfurt am Main.

Dabei weiß man doch, dass Goethe speziell dort nur kurz war, um eben am Hinterausgang des Hauptbahnhofs Drogen zu kaufen.

Schamlos.

Sein Kollege Schiller war offenkundig deutlich weniger unterwegs, findet man unter «Schillerstadt» lediglich Marbach am Neckar.

Und neben Worms ist natürlich JEDES Kleckerdorf Nibelungenstadt, was den Glanz der Sage etwas schmälert.

Die «Nibelungenstadt» – die Schmuckdesignerin unter den Wohnorten.

Nicht alles ist glücklich gewählt. Und damit meine ich nicht einmal Darmstadt.

Karstadt Sport. Oder Brotstadt Böller. Bitte verzeihen Sie diese blöden Witze.

«Klingenstadt Solingen»! Man zieht die Bekloppten ja förmlich an!

Ebenso muss ich die kritische Frage an meine Heimatstadt Castrop-Rauxel richten, ob es bei den aktuellen nationalistischen Tendenzen angebracht ist, sich den Zusatz «Europastadt» zu gönnen. Welcher Ungar, Pole oder Rumäne mag unter diesen Umständen dort noch seinen Jahresurlaub verbringen?

Manchmal aber möchte man dem Stadtmarketing auch zurufen: Mehr Mut!

So habe ich mich bei vielen Bahnfahrten gefragt, warum die Ruhrgebietsmetropole Hamm nicht schon lange auf das ihr eigene, ja geradezu biblische Ereignis rekurrieren möchte:

Die Zugteilung von Hamm!

Hat mich immer schon fasziniert.

Zugteilungsstadt Hamm.

Das wär's doch.

Übrigens, falls Berlin fragt:

Niegelungenstadt ist noch frei.

Von einem, der auszog, permanent umzuziehen

Spoiler:
Bleiben Sie dran. Im zweiten Drittel
des Textes werden Sie mich so entnervt
erleben wie lange nicht.

Es mag am Alter liegen, aber nur wenige Dinge haben mich in den letzten Jahren mit einer so tiefen Zufriedenheit erfüllt wie ein Waschtischunterschränkchen im Bad.

In meiner neuen Wohnung.

Jetzt, da Sie das lesen, ist die Wohnung für mich nicht mehr soooo neu, aber immerhin:

Es ist wohl noch dieselbe.

Das ist nicht selbstverständlich. Ich bin in den letzten Jahren häufiger umgezogen als Salman Rushdie.

Kann ja mal vorkommen. Ich denke, mir war es einfach sehr wichtig, in einer Großstadt wie Hamburg jede erdenkliche Mieterhöhung mitzunehmen.

Mein Meisterstück gelang mir im letzten Jahr um diese Zeit, als meine Freundin und ich beschlossen, dass 57 Quadratmeter für drei Personen ein wenig zu klein sind und jetzt etwas mehr Platz hermuss. Sie können sich vorstellen, dass es nicht ganz so schnell ging, aber irgendwann stieß ich dann auf spektakuläre 98 Quadratmeter sanierter Altbau in einem hippen Viertel. Und das auch noch direkt am Park, gerade mal fünf Fußminuten von meinem Stammcafé entfernt!

Diese Gegend hat außerdem das Recht darauf, mit noch einem Hipster zugeschissen zu werden. Gibt ja so wenige davon.

Die Begehung war dann nur noch Formsache. Achtundneunzig Quadratmeter, direkt am Park! Ich gottverdammter Glückspilz! Gut, die Sanierung des Gebäudes war noch nicht ganz abgeschlossen, aber hey: dieser Blick! Auf den Park!

Und außerdem gab's ja auch 50 Euro Mietnachlass, solange die Bauarbeiten laufen. 50 Euro. Von 1900. Ist das nix?!

Ein paar Wochen später war dann mein René mit seinen muselmanischen Hiwis am Start. Dass er «mein René» ist, lässt irgendwie auch tief blicken. Niemand sollte ein so enges Verhältnis zu einem Umzugsunternehmer haben, da man sich eigentlich nur, nun ja, bei Umzügen begegnet.

Das war dann zu dem Zeitpunkt bereits der dritte. Innerhalb von vier Jahren.

Oh, bitte, sagen Sie mir nicht, dass Sie noch Freunde fragen, sie mögen Ihnen bitte beim Umzug helfen!

Sie sind doch auch schon über 30.

Das Packen von Umzugskisten hat für mich durchaus etwas Meditatives, ist es doch in erster Linie ein reiner Automatismus und überdies so etwas wie das Kabel der Wohnraumbetrachtung: Du siehst Dinge, von denen du gehofft hattest, sie seien bereits für immer weg. Textile Kater vergangener Kaufräusche und geschmackliche Verirrungen jedweder Couleur. Verheerend, wirklich.

Der Umzug ist eine Zäsur, eine Chance, innezuhalten und sich von Dingen zu trennen, die man nicht mehr braucht.

Auch ich habe mir beim Anblick diverser Hawaiihemden, Basketballsocken oder Simpsons-DVDs immer wieder die Frage gestellt: «Brauchst du das alles wirklich?»

Leider war die Antwort immer:

«Ja.»

Da machst du nix.

Wenn man klug ist, setzt man all den überflüssigen Plunder bei eBay Kleinanzeigen rein, bevor man den ganzen Mist mit in die neue Behausung hinüberschleppt.

Das ist sehr gut. Zum einen für die Käufer, die hier kostengünstig an tolle Dinge kommen können. Viel mehr aber noch für den Wald, in dem man diesen ganzen überflüssigen Schrott sonst einfach vergraben hätte.

Man kann es aber auch so machen wie ich und Dinge wie eine alte Kinderküche, Kindersitze oder die Stereoanlage meiner Ex so überteuert einstellen, dass überhaupt keiner anbeißt.

Was dazu führt, dass man eben doch all den Mist vom Dachboden der alten Wohnung hinüber in den Keller der neuen Wohnung schleppt.

Ernsthaft: Würde bei Ihnen daheim im Keller ein Feuer ausbrechen – würden Sie irgendetwas von dem Zeugs vermissen, das Sie da unten seit Jahren horten?

Wenn man nicht gerade ein österreichischer Psychopath ist, hat man gemeinhin kaum Grund, häufiger im Keller nachzusehen.

Wo war ich?

Ach ja. Der Einzug. Ganz romantisch, Anfang März. Vor dem Wohnzimmerfenster der verschneite Park. Als erste Amtshandlung habe ich mich erst mal gut gestellt mit den neuen Nachbarn. In diesem Falle den zahlreichen Drogendealern, für die der Park nicht ganz unbekannt ist. Ich war mit meiner kleinen Tochter und ihrem Schlitten dort und so nett, damit den Transport von drei alten Europaletten zu übernehmen, die die Grünanlagenapotheker ca. 200 Meter weiter zur Erwärmung verfeuern wollten.

Wer wäre ich, da nein zu sagen.

Beihilfe zum Diebstahl und Sachbeschädigung als Einstieg in die neue Nachbarschaft.

Hat doch was.

Ich habe den Einzug durchaus genossen. Wenn man von 57 Quadratmetern kommt, dann erscheinen einem fast hundert glatt palastartig. Und dieser Blick auf den Park!

Wenig überraschend, dass ich in einem solchen Tempo die Kisten ausgepackt habe.

Okay, zugegeben. Einzüge sind ein wenig wie der Heilungsprozess bei Bänderrissen: Am Anfang geht es wahnsinnig zackig, lediglich die letzten zwanzig Prozent ziehen sich ewig.

Da mir René als Umzugsprofi seine, natürlich viel professionelleren, Umzugskisten geliehen hatte, war mein Interesse etwas größer, sie schnell leerzumachen und wieder zu übergeben.

Außerdem würde meine Freundin in zwei Wochen ebenfalls einziehen.

Nachdem sie ihre Wohnung in Frankfurt gekündigt, ihre kranken Eltern umsorgt und ihre Flugbegleiterinnentour nach Abuja, Nigeria, erledigt hatte.

Die Wohnung war wirklich in Rekordzeit eingerichtet. Es fehlten lediglich noch die Bilder an der Wand. Und ab und an warmes Wasser. Oder Heizungswärme.

Ja, okay, kann passieren. Aber dieser Blick! Dieser verschneite Park!

Dienstagmorgen. Der Gang zum Vodafone-Fachberater, um das WLAN auf die neue Wohnung umzumelden.

«Sind Sie nicht vor kurzem erst umgezogen?»

«Ja, sicher. Lange Geschichte. Aber das ist jetzt vorbei. Jetzt ist Schluss. Jetzt bleiben wir dort.»

Nun ja.

Sie müssen sich das so vorstellen: Während ich ein paar Erledigungen gemacht habe, konnte sich meine Freundin, sie war in der Nacht eingezogen, schon mal ein wenig einleben.

Ich musste derweil die Kleine in den Kindergarten bringen, Kaffee kaufen und eben das Internet ummelden.

Jetzt also betrete ich die Wohnung und breite mit einer Na-ist-das-nicht-geil-hier-Geste die Arme aus wie Wolfgang Lippert bei seiner «Wetten, dass..?»-Premiere.

Mit ähnlichem Erfolg beim Publikum.

Sie lehnt am Esszimmertisch und hat den Unterkiefer auf eine Art herunterhängen, wie es eigentlich nur Menschen mit einer frischen Gesichtstransplantation hinbekommen.

Es sollte später der sogenannte Kevin-Kühnert-Blick werden.

«Ich will hier nicht bleiben. Ich fühl mich hier nicht wohl.»

Keine Ahnung, wie ich geguckt habe, aber es war sicherlich einige Entgeisterung dabei.

Selten auch habe ich einen Hocker gebraucht.

«Aber ... also ... ich mein ... warum?!»

Jetzt legt sie los mit einer Attitüde, die aus dieser ca. 12 Kilo schweren Perserin binnen weniger Sekunden einen 130 Kilo schweren Polier auf einer Großbaustelle in Bottrop macht.

«Ey, guck dich mal um! Das ist eine Baustelle hier! Der Boden ist nicht richtig versiegelt!»

(Tatsächlich könnte man in den Ritzen gut und gerne alte Fünfmarkstücke verschwinden lassen.)

«Die Toilette ist eine Zumutung! Sie wackelt und knirscht! Wo sind die Fußleisten? Wer hat die Türen gestrichen? Und womit? Tipp-Ex? Die Türen schließen nicht. Keine einzige! Und was ist da mit der Küchentür? War da vorher Teppichboden gelegt?! Da kann man ja bei geschlossener Tür untendurch robben! Wenn sie denn schließen würde!»

(Es sah wirklich etwas komisch aus. Zwischen Boden und unterem Küchentürrand fehlten in etwa zehn Zentimeter. Das ist nicht wenig für eine Tür.)

Es war eine groteske Szene, wie diese zierliche Frau zeternd durch die Wohnung lief, während ich hinter ihr hertölpelte.

Das, was eben noch ein Palast war, zerbröselte vor meinen Augen zu der heillos überteuerten teilsanierten Rumpelbude, die sie war.

«Ja, aber schau doch mal! Der Park!»

Hat sie nicht überzeugt.

Der Monolog ging noch eine ganze Weile weiter.

Nur ab und an unterbrochen von ein paar Freundlichkeiten. Die kamen allerdings ausschließlich dem Klempner zu, der während der Zeit auch noch in der Wohnung war – das warme Wasser war mal wieder ausgefallen.

Nun, es ist, wie es ist.

In einer unseligen Melange aus «Naaaa, das wird ja alles noch gemacht» und einem «Guck doch mal, der Blick in den Park!» hatte ich lustvoll alles ignoriert, was an der Wohnung nicht gestimmt hat. Und das war eine Menge.

Und nun wurde ich knallhart auf all meine Versäumnisse hingewiesen.

Ja, sogar ein wenig geschämt habe ich mich.

Als Mann willst du stets derjenige sein, der die Dinge im Griff hat und dem Weib eine schöne Höhle erobert hat. Das hier war so ziemlich genau das Gegenteil.

Wobei das mit der Höhle durchaus hinkommt.

Bleibt also nur die Frage:

a) Schafft man es, die Wohnung so hinzukriegen, dass die Frau sich dort wohl fühlen kann, oder

b) müssen wir wieder umziehen?

Was tust du, wenn die Frau, die du liebst, die neue Wohnung hasst?

Ich für meinen Teil habe das einzig Richtige getan: erst einmal lange aus dem Fenster in den Park geblickt.

Der ist ja wirklich schön.

To be continued …

Tatort Wohnzimmer

Bevor Sie weiterlesen, sollte ich Ihnen vielleicht gestehen: Vom Thema dieser Kolumne verstehe ich im Grunde genommen nichts. Andererseits hat mich Unkenntnis noch nie davon abgehalten mitzureden. Also, denn ...

Neulich hat mich eine Bahnfahrt sehr beeindruckt. Weniger die Bahnfahrt, die war unbeeindruckend problembehaftet, nein. Es war ein Mann, ich nahm an, dass es ein Mann war, denn abgewandt sitzend konnte ich nur eine männliche Stimme hören, die sich mir näherte. Offensichtlich stieg da gerade jemand zu, und das war für sich genommen offenbar so bedeutend, dass das im Waggon auch bitte niemandem entgehen sollte.

Während er seinen Platz suchte, unterhielt er sich am Telefon – und alle anderen abseits des Apparates gleich mit.

Er war so überpräsent, dass ich, immer noch im Unklaren, wer da in meinem Rücken redet, annehmen musste, hier in eine Art Guerilla-Theaterperformance gerutscht zu sein.

«Eidinger spielt Wurst-Achim» oder so was. Kurz danach obsiegte die Neugier. Kurzes Umdrehen und die nüchterne Erkenntnis: «Ah. Schauspieler.» Wobei das so nicht stimmt.

Der Mann ist Tatort-Kommissar, und das ist bekanntermaßen ein Amt, das in Deutschland mindestens auf einer Stufe mit einem Bundesminister steht.

Ich hoffe, ich verletze jetzt hier keine religiösen Gefühle, aber: Diese kollektive Verehrung des Tatort hat sich mir nie erschlossen. Gottesdienstartig versammeln sich die Menschen am Sonntagabend vor dem Fernseher, und nicht selten kann man bereits um 20 Uhr 13 in sozialen Netzwerken lesen, wie fürchterlich das alles wieder ist.

Die Bundesregierung könnte mit Pestiziden den Teutoburger Wald entlauben oder pauschal alle Haustiere verbieten – man würde sich nicht halb so echauffieren wie über einen vermeintlich verhunzten Krimi: zu experimentell, zu versaut, zu hanebüchen oder – zuletzt auch immer wieder gern notiert – mit einem zu durchsichtigen politpädagogischen Auftrag.

Würde Fernsehen ein realistisches Bild der Gesellschaft zeichnen, so müsste Deutschland irgendwo zwischen Mexico City und Bogotá verortet sein.

Kriminalität, wohin das Auge reicht. Auf dem Asphalt mehr angekreidete Umrisse von Menschenkörpern als Radfahrwege oder Sperrflächen.

Eine heillose Übertatortung bei gleichzeitiger Sokofizierung ganzer Programmbereiche.

Da, wo früher nur Horst Tappert im Ledermantel (offensichtlich ein Überbleibsel dunklerer Berufsjahre) ermittelte, hat heute von Leipzig bis Rommerskirchen jede Stadt ihre eigene SoKo, so scheint es. Selbst in Kitzbühel wird ermittelt. Was es da wohl zu ermitteln gibt? Der Verlust einer Pelzmütze? Giftanschlag auf den Mops einer Society-Lady? Manipulation an den Bremsen von Hansi Hinterseers Ski? Es ist ja so spannend.

Könnte es sein. Für mich.

Vermutlich bin ich einfach zu stumpf. Dabei hätte so viel hängenbleiben können.

Damals war von Omma bis Bruder die ganze Familie vor dem Fernseher, um kasperletheatralisch («Da! Hinter dir! Claude Oliver Rudolph!») bei der Täterhatz mitzufiebern.

Es gibt mir nichts. Dabei ist unser Land Krimiguckernation Nummer eins.

Dass viele der 80 Millionen die Doppelbelastung aus Bundestrainer und Fernsehcouchermittler überhaupt aushalten, nötigt mir Respekt ab.

Woran liegt das?

Womöglich ist gerade unser Volk auch deshalb so fleißig bei der Aufklärung von Verbrechen, weil es Jahrzehnte zuvor kollektiv so besonders fleißig weggeguckt hat.

Man weiß es nicht.

Müsste man mal ermitteln.

Bis auf Weiteres werde ich Sonntagabende wohl weiterhin dafür nutzen, Quittungen und Belege für die Steuer zu sortieren, und was ich mir anhand dieser Indizien für ein Täterprofil erstelle – das wäre ohnehin für jeden Tatort-Kommissar zu hart.

Für Omma

Charlie Chaplin präsentiert seinen Blockbuster «Goldrausch», während «Metropolis» gerade erst gedreht wird. Der neue Präsident heißt Hindenburg, und ein junger, etwas wirrer Popliterat präsentiert den kommenden Bestseller – «Mein Kampf».

Um besser fassen zu können, wie lang neunzig Jahre wirklich sind, muss man sich nur vor Augen führen, was 1925 so los war.

Heute vor genau 90 Jahren wurde Omma Lore geboren.

Omma. Da, wo ich herkomme, da spricht man das so.

Mit gefühlten drei M.

Mein Vater. Mein Bruder. Oder ihre achtjährige Urenkelin, die Omma sonntags um sieben Uhr aus dem Bett schmeißt, um mit ihr Karten zu spielen. Was die – komplett verstrubbelt und ohne zu meckern – über sich ergehen lässt. Wahnsinn.

Die Frau ist neunzig.

Bei jemandem, der in einem Mehrgenerationenhaushalt aufgewachsen ist, nehmen Großeltern eine Sonderstellung ein, sind pädagogisch und emotional auf Augenhöhe mit den eigenen Eltern.

Die beide voll berufstätig waren und sich in diesem großen «Die Waltons»-ähnlichen Haushalt voll auf eines verlassen konnten: Omma hat die beiden Jungs im Griff. Und das hat sie jetzt noch. Mit jeder Menge Wärme. Und einem Witz, der sie später zu einer Art Facebook-Star machen sollte.

(Gut, ich habe das mit Zitaten und Fotos von ihr ein wenig forciert.)

Dass Menschen in Fußgängerzonen spontan Selfies mit ihr

machen wollen, ist zumindest nicht sehr gewöhnlich für Menschen ihres Alters.

Von denen es in ihrem Freundeskreis niemanden mehr gibt.

Maria hat vor zwei Jahren aufgegeben. Hilde vor zehn. Oppa schon 1989.

Damit war das Kapitel Männer dann auch für immer erledigt. Mit 64.

Jupp, der Gelegenheitsbesucher mit Hut und Fahrradkette in der Jacke, hatte sich zwischenzeitlich noch Hoffnungen gemacht – aber da ging nicht viel:

«Jupp? Dem geb ich was mit'm Basketballknüppel.» Was auch immer das ist.

Omma Lore. Letzte ihrer Art. 1 Meter 55 kleine Omega-Frau der Generation Kittelschürze (bevor die Großeltern statt Hermann und Gisela bald irgendwann alle Justin und Shania heißen und Arschgeweih tragen).

Weiße Haare, gut getaftet. Mit diesem typischen, klassischen Omma-Körper, der zu 95 Prozent aus Torso zu bestehen scheint, auf dünnen Piepen, die stets in ihren geliebten Romika-Schlappen stecken. Als hätte Gott 54 Kilo bereits verbastelt und nur noch 1 Kilo für die Beinchen über. So etwas wird heute gar nicht mehr gebaut. Eine Erscheinung, wie die Castrop-Rauxeler-Variante von Queen Elizabeth – nur bedeutender. Für mich. Für uns. Für alle vier Generationen, die jetzt unter ihrem Dach wohnen.

Davon ab bin ich mir sicher, dass man der Queen nicht ungestraft an ihrer Gumminase spielen kann. Dieser knorpellosen anatomischen Sensation, die bei mir durch schnelles Dranrumflitschen schon Tausende Male die Stimmung gehoben hat.

Omma ist das Herz dieses vielköpfigen Wohnkörpers, der soziale Kitt.

Wir kleben an ihr.

Auf ihrer Etage kommen alle zusammen – beim Frühstück mit der Familie, wenn sie dem 13-jährigen Urenkel nach der Schule

Bratkartoffeln macht, oder wenn wir alle abends bei ihr in diesen schweren Sesseln in der Runde beisammensitzen und Unsinn erzählen.

So wie letztens, als ich erzählte, dass ich noch nach Dortmund will und sie – ganz besorgte Löwin – mich anguckt:

«Junge, so spät noch nach Dortmund? Sei vorsichtig. Nimm Pfeffer mit!»

In der folgenden Diskussion mit meinem Vater, ob denn wohl grüner Pfeffer, schwarzer, gemahlen oder gleich mit der Mühle und dass es ja auch eigentlich Pfefferspray sein müsste, behielt sie argumentativ die Oberhand.

«Wieso? Man kann doch auch Pfeffer nehmen?!», und macht eine Bewegung wie James Bond, wenn er einem Killer Sand in die Augen schleudert.

Punkt für Lore.

Die Frau hat eine Spannkraft, eine geistige Wendigkeit, die ihresgleichen sucht.

Dass der Körper das mit 90 nicht mehr ganz so leisten kann, nervt sie selbst am allermeisten.

Doch das alte Luder ist zäh, hat schon mehr OPs, Krankheiten und Verletzungen hinter sich gelassen, als in jede Telenovela passen.

Auch heute noch macht sie alle ihre Stunts selbst.

«Junge, guck mal, meine Hand. Dick wie 'ne Schildkröte. Die Finger – wie Mettwürste.» Wenn Omma erzählt, wie sie wieder mal in der Wohnung gefallen ist, ist es wie das Leben selbst. Zum Heulen. Und zum Heulen komisch.

Diese Frau ist sensationell witzig. Diese roten Bäckchen. Ihr dreckiges Lachen. Ein Gackern, irgendwo zwischen tropischem Vogel und den Aliens aus «Mars Attacks».

Harharhar.

Eine gewisse Leichtigkeit zu bewahren ist nicht einfach, wenn man innerhalb kurzer Zeit erst den Mann und dann ein erwachsenes Kind verliert.

Ein nunmehr rund 25 Jahre während der Horror, den sich niemand vorstellen mag.

Aber das Gefühl, jeden Tag gebraucht zu werden, ist der beste Antrieb, den man haben kann.

Und wie sie gebraucht wird. So sehr, dass jeder von uns mit wachsender Panik auf den Tag X blickt, der bei einer Person von neunzig Jahren eine Tatsache ist, die man mehr schlecht als recht verdrängen kann.

Noch heute putzt Omma die Wohnung, wäscht allen die Wäsche, bügelt und kocht wie niemand sonst. Eine Lasagne, mit deren Kaloriengehalt man eine komplette Modelschule auf Normalgewicht heben könnte. So gut, dass mein koreanischer Kumpel Myung-Hyun damals immer ein Blech zu sich nach Hause genommen hat – dafür gab's im Gegenzug von seiner Mutter Kimchi, Bibimbap und Frühlingsrollen. Fairer Deal. Gastronomisch hat Omma alles drauf. Gutbürgerlich, italienisch, asiatisch. Geht alles. Die macht dir auch Nasi Goreng. Das einzige weltweit mit Salamischeiben drin («musste weg»). Ihr verdanke ich legendäre Gespräche wie «Schmeckt das?» – «Ja, super, Omma!» – «Gut, weil ... die Paprika war schon teilweise schlecht.» Mahlzeit.

Während bei vielen schon die eigenen Eltern nicht wissen, was man beruflich macht oder was Facebook ist, kann man Omma mit allem kommen.

Die weiß Bescheid. Über alles. Also, wirklich alles.

Wie damals, als meine Mutter, Omma und ich im Wohnzimmer saßen und verstärkt lustvolles Stöhnen aus der Etage meines Bruders drang.

Als sich das schließlich zu ekstatischem Schreien auswuchs, bemerkte ausgerechnet die Älteste in der Runde nur trocken in die peinlich berührte Stille hinein:

«Ker, die spielt dem doch was vor. Was ein Gejaller.» Es stimmte natürlich.

Diese herzensgute Frau hat in neunzig Jahren laut eigener Aussage «nie mit jemandem Stress gehabt» und ist so mitfühlend, dass sie aus Solidarität selbst nichts isst, wenn Fips, der nichts vom Tisch bekommen darf, sie mit seinen Hundeaugen anguckt.

Wenn wir Omma heute mit ca. sechzig Mann hochleben lassen, kommen außer der – Zitat – «buckligen Verwandtschaft» auch Freunde von mir. Nennen wir sie ruhig ihre Fans. Wie mein Kumpel Aziz, meine Freundin Steffie oder der bedauernswerte Marco, der damals hoch in ihr Wohnzimmer kommen sollte, weil mein Cousin Tömmes und ich dort in ihrem Beisein für 'nen Discobesuch vorgetrunken haben. Ansatzlos empfing sie diesen ihr fremden jungen Hip Hopper mit den Worten «Hä? Was bist du denn für ein Typ? Hau bloß ab – bevor ich dir eine scheuer!»

Einfach nur, weil wir sie zu unserer Belustigung darum gebeten hatten. Seinen entsetzten Gesichtsausdruck werde ich nie vergessen.

Was haben wir gegeiert. Was haben wir uns schon gedrückt und geküsst.

Ich habe nie verstanden, wie respektlos meine Schulkameraden oder sogar deren Eltern ihre Großeltern teilweise behandelt haben. Wie unliebsamer Besuch, ja, Deppen, die man vor Fremden vorführen kann. Das fand ich schon als Kind beschämend.

Eine Oma ist doch das Beste, was einem passieren kann. Eine zweite Mutter. Eine Seelsorgerin. Die emotionale Komfortzone.

Liebe.

Wenn es im Verhältnis zu meiner Großmutter nur eine Sache gibt, die ich bedaure, dann die Tatsache, dass meinem Nachwuchs wohl nicht das große Glück der Kinder meines Bruders vergönnt sein wird, so lange etwas von ihrer Urgroßmutter zu haben.

Und das ist jammerschade. Das kann niemand bezahlen.

Feiert eure Großeltern. Jeden Tag. Besucht sie. Lasst sie erzählen. Hört zu.

Sie sind das Beste, was euch passieren kann.

Happy Birthday, Omma Lore.

Mach den Ramazotti auf, ich komme.

PS: Ja, ich hab noch Arbeit.

Ich steige ab

Reisen bildet ja bekanntlich.

Wobei Bildung nicht zwingend an schöne Ereignisse gekoppelt sein muss.

Jeder, der als GI in Vietnam war, wird bestätigen, dass dies eine durchaus (charakter)bildende Erfahrung war. Keineswegs aber eine schöne.

Ähnlich verhält es sich mit Übernachtungen z. B. im Ibis Hotel.

Zwar verfügen Dependancen dieser Kette nicht über ein Gym. Dafür aber durfte ich mich schon nachts körperlich betätigen, als ich in einer Winternacht nackt aus dem Fenster kletterte, um auf dem Gerüst vor meinem Fenster den Metalltritt mit Handtüchern zu dämmen. Das auf das Metall tropfende Eiswasser drohte mich schlicht wahnsinnig zu machen, und so musste ich versuchen, Abhilfe zu schaffen.

Was man da an Kalorien verbrennt, kann kein Fitnessstudio auffangen.

Mittlerweile bietet Ibis sogenannte Ibis-Budget-Filialen an. Das finde ich gut.

So kommen auch weniger gutbetuchte Leute in den Genuss dieser Nobelherberge.

Als jemand, der häufiger beruflich unterwegs ist, suche ich mir meine Hotels vornehmlich nach den Parametern: zentral. Gemütlich. In der Nähe eines Gewässers.

So habe ich mir schon Flüsse wie die Isar, die Spree oder den Rhein erjoggt.

In Berlin buchte ich mich unlängst in dem «ersten Hygge-Hotel Deutschlands» ein.

Ein sehr schöner Laden. Liebevoll eingerichtet, geradezu kuschelig.

«Hygge». Das ist wie auch «Achtsamkeit» einer dieser sehr trendigen Begriffe, die einem permanent unterkommen. Kommt aus dem Skandinavischen und bedeutet wohl so viel wie «angenehm». Aha. Als wären alle Hotels jemals zuvor darauf aus gewesen, es den Gästen so schwer wie möglich zu machen.

Tatsächlich aber scheint dieses Hygge vor allem für das Hotelpersonal zu gelten, da in diesem Laden sich um so ziemlich gar nichts gekümmert wurde, trotz mehrfachen Bittens.

Es war also weniger ein Hygge, mehr ein Vred-Hotel, sprich: Man reist verärgert wieder ab.

In Köln lasse ich mich sehr gerne in einem Hotel unterbringen, in dem für gewöhnlich die Hautevolee der deutschen TV-Landschaft absteigt. Oder, sagen wir, der Teil, der sich darüber freut, von Fremden auf die eigene Prominenz angesprochen zu werden.

Jetzt muss man dazu wissen, dass dieses Hotel sich im Wirkungsbereich des Senders RTL befindet, der, auf der anderen Rheinseite befindlich, wie das Auge Saurons über die Stadt hinwegsendet. In den überall über die Stadt verteilten TV-Studios werden sehr viele Shows produziert, und da sowohl Kandidaten, Prominente und solche, bei denen man das bei Gott nicht mehr trennen kann, irgendwo übernachten müssen, kommen die halt alle dort zusammen. In einer Mischung aus Restadrenalin und normaler Hybris hängen sie abends bis in die frühen Morgenstunden in der Hotelbar ab, erzählen sich gegenseitig wahlweise von ihren Heldentaten oder den großen Missachtungen, die ihnen seitens «der Branche» widerfahren sind, während Fielmann-Vertriebler ihnen aufmerksam lauschen, während sie auf die eintreffenden Kopulationsfachfrauen warten.

Irgendwann um Mitternacht verspricht man sich, dass man

«unbedingt mal was zusammen machen» muss und «du in der nächsten Staffel auf jeden Fall dabei» bist.

Wenn einem das zuwider ist, sollte man beim Betreten des Eingangsbereichs sehr schnell Richtung Fahrstuhl abbiegen, da bereits die Rezeption von der Hotelbar aus sehr gut einsehbar ist und die Gefahr, «eben auf ein Bier» dazuzukommen, sehr groß ist.

Schon häufig habe ich davon geträumt, einfach mal an der Rezeption auf einen dieser Halbprominenten zuzugehen, die irgendwo zwischen Rosenheim-Cops und Kroatien-Krimi ihr Dasein fristen, und freundlich zu fragen:

«Sie sind das Taxi, das ich bestellt habe, oder?»

Ach, das wär schön.

Man macht es nicht. Warum eigentlich?

Dasselbe Spiel morgens beim Frühstück: Alles, was hierzulande zwischen «Let's Dance» und «Promi Big Brother» Wirkungsdienst tut, umarmt sich hier wort- und gestenreich.

Man kennt sich, man mag sich.

Will man seine Ruhe haben und nicht in eine dieser fürchterlichen «Stört es dich, wenn ich mich dazusetze?»-Situationen geraten, bleibt einem kaum etwas anderes übrig, als abzuwägen, ob das Rührei es wirklich wert ist, dass man beim Draufschaufeln der Lieblingsspeise in den Wirkungsbereich des Stimmenimitators gerät, der «dir immer schon mal meine Ideen» präsentieren wollte.

Es ist wirklich nicht leicht.

Dabei ist das Hotel wirklich schön. Das Personal und die Hotelleitung ausgesprochen freundlich, der Service hervorragend, die Zimmer geräumig und sauber.

Wenn man viel unterwegs ist, geht man gerne dorthin, wo man sich willkommen, ja, fast familiär eingebunden fühlt.

Gut, okay. Die Einrichtung.

Die wirkt ein wenig so, als hätte man Thommy Gottschalks Villa vorm Brand leergeräumt und die Beute hier zwischengelagert.

Alles recht plüschig und zuweilen glööcklert es sogar ein wenig.

So entsteht der interessante Effekt, dass man morgens reuig aufwacht, weil man sich fühlt, als habe man im Puff übernachtet, ohne tatsächlich geknattert zu haben.

Wird einem allerdings bewusst, dass dies ein Trugschluss war und man moralisch auf der sicheren Seite ist, geht es einem danach umso besser.

Es sind wirklich alle Prominenten und Kandidaten da, derer es jenseits von Taste vier der Fernbedienung bedarf.

Schon lange denke ich darüber nach, dass es vielleicht ganz sinnvoll wäre, die Hotelbar und den Frühstücksraum mit Kameras zu versehen und einen 24-Stunden-live-Kanal zu schalten.

Jeden Freitag käme Marco Schreyl und würde verkünden, wer von den Gästen das Hotel verlassen müsse.

Ey, SIE würden es gucken!

Ich bin da immer hin und her gerissen.

Zum einen liebe ich diesen Menschenzoo und gaffe leidenschaftlich.

Zum anderen habe ich unfassbar gerne meine Ruhe.

Vielleicht gehe ich doch wieder in dieses Hygge-Hotel.

Da muss ich mir keine Sorgen machen, dass jemand vorbeikommt.

Liebe Affen

Winston Churchill hat eine.

Die von Willy Brandt schaut regelmäßig zerknirscht auf ihre Epigonen herab.

Ja, sogar Cristiano Ronaldo hat eine. Am Flughafen seiner Heimat Madeira.

Es ist bereits die zweite, nachdem der erste Versuch einer Statue ihm so ähnlich sah, als hätte Ben Becker nach einer Moselrundfahrt versucht, ihn aus Fimo nachzukneten.

Auch von mir, so wurde mir erzählt, soll es ein Denkmal geben.

In Kirchheim über einer Trigema-Filiale thront ein gewaltiger Schimpanse, und dieser sehe mir also sehr ähnlich.

Nun ist das für mich nicht weiter schlimm. Ich liebe Schimpansen, und tatsächlich erkenne ich gewisse physiognomische Ähnlichkeiten. Damit sind nicht nur die Ohren gemeint.

Freunde, oder welche, die es bis dahin noch waren, wissen von Abenden zu berichten, an denen ich nach dem vierten Bier in Bars oder Restaurants eine derart überzeugende Primaten-Parodie hingelegt habe, dass ältere Frauen sich panisch an ihre Handtaschen geklammert haben. Nicht völlig grundlos, da eine perfekte Metamorphose nur mit einer gewissen Zügellosigkeit gelingen kann.

Zum Beispiel: Sich mit der Clutch einer am besten wildfremden Frau die Kimme kratzen.

Die Nummer war immer ein großer Lacherfolg.

Unterhaltung ist im besten Falle ja immer eine Mischung aus Überraschung und Angst.

Oder Freude darüber, dass man selber davongekommen ist.

Meines Wissens nach ist der Sänger Sasha deutschlandweit der Einzige, der das auch noch beherrscht. Der macht allerdings oft den Gorilla. Da kommt man sich nicht ins Gehege.

Es ist doch toll, den Affen zu geben. Es sei denn natürlich, man ist Schwarzer und muss für H&M einen «Coolest Monkey in the Jungle»-Pullover anziehen.

Dann nicht.

Affen. Man muss sie einfach lieben

Sie sind immerhin unsere Verwandten, und wenn wir ehrlich sind – sie können auch mehr als die meisten, die sich so auf unseren Familienfeiern herumtreiben.

Sie können deshalb aber nicht automatisch mehr ertragen.

Als unlängst ein großer deutscher Automobilkonzern auf die schlaue Idee kam, Abgase an diesen unschuldigen Tieren zu testen, war der Aufschrei sehr groß.

Gut, es hätte schlimmer kommen können. Man hätte die Tiere auf die Autobahn lassen können, um zu schauen, ob der Fahrspurassistent funktioniert. Aber das ist meine Laienmeinung.

Wann immer die Volksseele brodelt wie Erbsensuppe, meldet sich meist *Bild*-Kolumnist Franz Josef Wagner mit einer Art gedrucktem Rülpser – in diesem Falle ein Text gerichtet an «liebe Affen».

(Ein Text, der, das müssen Sie wirklich mal ausprobieren, besondere Komik entfaltet, wenn man ihn mit der Stimme von Homer Simpson liest.)

Im Kern ist die Botschaft, dass der unschuldige Primat keinem was getan hat, zwar nix Besonderes erfunden hat, aber eben auch nix Schlimmes verbrochen und deshalb in Ruhe gelassen zu werden hat.

Zitat:

«Der Affe ist älter als der Mensch. Er fährt kein Diesel-Auto. Der Affe braucht keinen Kühlschrank. Der Affe fliegt nicht nach Mallorca. Der Affe wohnt nicht in Wolkenkratzern.»

Darauf muss man erst einmal kommen.

Womit übrigens auch bewiesen wäre, dass es dem Affen offenbar ganz gut bekommt, dass er relativ selten drei Weinflaschen leert, bevor er sich an den Schneider-PC seines Pflegers setzt.

Weiter noch heißt es:

«Der Affe ist ein vorbildliches Wesen im Universum.»

Und da hat Wagner völlig recht. Es lässt sich vieles von ihm lernen.

Also. Vom Affen. Nicht von Wagner.

Ich habe einst wie paralysiert vorm Fernseher gesessen, in einer Art Postbetrinkungskontemplation eine spannende Doku über Bonobos gesehen – nein, es war nicht die Trigema-Reklame – und wirklich viel gelernt über die Gabe, Wichtiges von Unwichtigem zu trennen.

Da ist also ein Flusslauf im Kongo, an dessen Fuß der Bonobo steht.

Irgendwo flussaufwärts hängen die Äste eines Obstbaumes über dem Gewässer, und relativ zahlreich fallen die Früchte hinein, sodass sie an dem Zwergschimpansen vorbeitreiben wie Schiffchen in einer Sushibar.

Jetzt müsste man nur zugreifen. Dummerweise treiben die Äpfel, Birnen, Mangos, wasweißich flussmittig vorbei – und der Affe kann nicht schwimmen.

Das weiß er zum Glück.

(Anders als die Mitarbeiter der Produktion «Unser Charly», die während der Dreharbeiten einer Folge angeblich einmal ihren kreischenden Hauptdarsteller ins Wasser geworfen hatten, um drehbuchgemäß einen kleinen Jungen aus den Fluten zu retten, und sich Minuten später wunderten, warum der Titelheld partout nicht mehr auftauchen und erst recht nicht den Bengel retten wollte. Aber das ist eine andere Geschichte.)

Was macht der schlaue Kerl also? Er greift sich einen Ast und angelt sich die ersehnten Früchte heran. So wie es zu kurz geratene

Rentner im Supermarkt mit Toblerone tun, wenn die Dosenwurst im Regal mal wieder unerreichbar scheint.

Es kommt aber noch besser.

Nicht nur, dass das Gehölz zum verlängerten Arm wird. Der kluge Zwergschimpanse nutzt es auch noch, um die Wassertiefe auszuchecken und zu gucken, wie weit er sich ins Wasser hineintrauen kann, ohne abzusaufen.

Bei mir: längst totale Begeisterung.

Dann: die spontane Wende.

Gerade als der Bonobo mit seinem Lot und Wanderstab bei den Sehnsuchtsobjekten angekommen scheint, entdeckt er wenige Meter entfernt ein Weibchen, lässt spontan den Scheißast fallen, hechtet aus dem Wasser und macht sich unverzüglich daran, die Gute nach allen Regeln der Kunst durchzurappeln. Als hätte es den Fluss oder das Obst nie gegeben.

Beeindruckend.

Ohnehin ist es vor allem diese Spezies Menschenaffen, die den Geschlechtsverkehr früh als sozialen Kitt begriffen haben.

So werden Weibchen gern mit Sex beruhigt, ach was, die gesamte Gesellschaft wird von einem swingerclubartigen Gemeinsinn beherrscht und zusammengehalten.

Wir Menschen kennen das von der Karnevalistenhochburg Köln.

Affen. Wirklich eine tolle Truppe.

Warum also fühlen wir uns so zu ihnen hingezogen?

Zum einen ist es die pure Kraft, die Figuren wie z. B. King Kong auch zu einer Art Sehnsuchtsobjekt macht. Hat man einen langen Tag hinter sich, der uns mit Tempolimits, Parkverboten, Höflichkeitsobligationen, Buckeln vor dem Chef oder Tischmanieren piesackt, ist so ein wilder, ungezähmter Gorilla, der einfach alles, was ihn nervt, zu Klump haut, und sich dann auch noch ohne viel Bitte und Danke die blonde Olle nimmt, schon mal eine Art Projektionsfläche für Zivilisationsmüde.

Ja, unser herrentierischer Freund ist wie der Kumpel, der so ist, wie wir nie sein dürfen. Ein Junggesellenabschied auf zwei Beinen, der nicht einmal eine Hose anhaben muss, sich gehenlassen darf und dann auch noch bewundert wird, wenn er mal zwei Dinge ineinanderschraubt. So einen muss man ja beneiden!

Das Element der Unberechenbarkeit, der stets drohende Ausbruch aus dem Korsett der Umgangsformen hat uns immer schon fasziniert.

Darum ist Klaus Kinski heute so etwas wie ein YouTube-Star oder Jutta Ditfurth beliebter Talkshow-Gast.

Vor ein paar Jahren hatte ich das Vergnügen, Autor einer ziemlich irren Pop-Revue bei einem ziemlich irren Sender zu sein.

Anruf des Produzenten:

«Micky, wir planen auch dieses Mal wieder mit einem Red-Carpet-Moderator, der die Stars interviewt, wenn sie aus der Limo steigen. Letztes Jahr hatten wir Sandy Meier-Wölden. Dieses Jahr haben wir uns was anderes überlegt. Dieses Mal macht es ein Schimpanse.»

Ich weiß noch genau. Ich befand mich auf der Autobahnauffahrt A 2, Höhe Henrichenburg, als ich den Producer fragte, ob er sich jetzt endgültig mit Koks das Hirn paniert habe oder das tatsächlich sein Ernst sei. Er konnte mir nicht mehr antworten, weil er einen Anruf entgegennehmen müsse.

Ich solle mir aber schon mal Texte überlegen.

Texte.

Für einen Affen.

Sie sehen mir ein gewisses Erstaunen sicher nach.

Meines Wissens nach sprechen Affen relativ selten in ganzen Sätzen.

Und würden sicher nicht ausgerechnet in einer Show im Privatfernsehen damit anfangen.

Primatfernsehen, sorry.

Nächster Tag. Nächster Anruf. Der Producer.

«Du, Micky. Ich hoffe, du hast noch nichts für ihn geschrieben.»

(?)

«Der Affe ist raus. Er hat seiner Trainerin gestern zwei Finger abgebissen.»

(!)

«Wir haben Ersatz. Es macht jetzt Ross Antony.»

Gute Wahl.

Nachtrag: Die Show war dann doch noch so irre, dass ICH dem Producer gerne zwei Finger abgebissen hätte.

Und die After-Show-Party musste ich unbeschlafen beenden.

Dafür konnte ich am nächsten Tag im Hotelpool noch ein paar Runden schwimmen gehen.

Immerhin.

Ab und zu hab sogar ich was dem Affen voraus.

Eines Menschen Herz

Und plötzlich schaltet kurz vorm Elfmeterschießen irgendein Arschloch den Strom ab.

Lieber Basty,
   ich würde Dir gerne sagen, dass ich pausenlos heule.
   Das kann ich nicht. Es sickert erst ganz langsam ein, was ich immer noch nicht fassen kann: Du bist nicht mehr da. Und auch, wenn irgendetwas in meinem Kopf mir einreden will, dass Du nur im Urlaub bist, brüllt mir Dein leerer Platz entgegen:
   Er ist nicht mehr da. Er wird auch nicht mehr wiederkommen. Nie mehr.
   Du wirst nicht mal diese Zeilen lesen.
   Plötzlicher Herztod. Mit vierzig.
   Während der Show. Juhnke hätte sich so einen Abgang gewünscht.
   Auch so ein waschechter West-Berliner.

Dieses dumpfe Gefühl, als hätte einer bereits die Party verlassen, mit dem man später doch eigentlich noch total lange an der Theke stehen wollte.
   Heute würden wir wieder gemeinsam unsere Radiosendung aufzeichnen.
   Die Sendung, zu der DU mich angestiftet hast. Streng genommen hast Du mich damals betrunken gemacht und Dir mein Okay ergaunert. Zum Glück.

Scheiße, was haben wir einen Spaß gehabt. Vor dem Mikrophon.

Vor allem auch dahinter.

Das war's. Kein Abschied. Nix. Weg.

Du bist mir sehr ans Herz gewachsen. Umgekehrt war es genauso.

Zum Glück war es uns nicht zu doof, uns das wissen zu lassen.

Zu Lebzeiten.

Von allen Menschen, die mir nahestehen und zu früh gegangen sind, bist Du der Jüngste.

Glückwunsch. In unserem Alter ist man das immer seltener. Der Jüngste.

Es ist bedrückend. Unwirklich.

Vor allem aber: Erschreckend. Ich bin 38. Also, fast.

Im Zuge der Germanwings-Tragödie zitierte ein sehr kluger Mensch unlängst Jonathan Safran Foers «Extrem laut und unglaublich nah», und genau so fühlt es sich an.

Wir verlieren den Unbesiegbarkeitsnimbus. Plötzlich wird der akute Verlust geliebter Menschen eine realistische Variante. Wer ist als Nächstes dran? Und warum nicht gleich ich? Ist ja nix mehr sicher.

37, Nichtraucher, Sportler. Und? Soll das was heißen?

Warst Du doch auch.

Wir fühlen uns betrogen um das Mindesthaltbarkeitsdatum unserer Existenz.

Ist das ungerecht? Und ob es das ist!

Gibt es einen Sinn? Wenn, dann höchstens den, dass wir unsere knappe Zeit nicht mit Sinnsuche vergeuden sollten.

Es heißt gern volkstümlich, das Beste kommt zum Schluss.

Dummerweise weiß nur keiner, wann genau dieser Schluss ist.

Deshalb ist es an uns, das Beste sofort an uns zu reißen. Nicht morgen. Jetzt.

JETZT.

Das Leben ist kein Wartezimmer.

Getreu dem Motto von Udo Jürgens: «Los, Leute. Lasst uns Erinnerungen schaffen.»

Auch der ist «plötzlich und unerwartet» aus dem Leben geschieden.

Gnadenvoll, mit satten und erfüllten achtzig Jahren.

Basty, Du wurdest nur halb so alt. Gerade mal vierzig. Lächerlich, eigentlich.

Dein Sender hat Dir einen wunderbaren, rührenden Abschied bereitet.

Die Anteilnahme war gewaltig. Herzerwärmend. Man hat gespürt, wie vielen Menschen Du etwas bedeutet hast. So etwas hätte ich auch gern.

Hätten wir das nicht alle?

Und doch wurde all die öffentliche Würdigung nicht der Tiefe gerecht, die Du hattest.

Deine klugen Gedanken. Wie kritisch Du Dich mit Dir selbst auseinandergesetzt hast.

Wie liebevoll Du über Deine Freundin gesprochen hast. Wie kultiviert Du warst.

Ein Connaisseur geradezu.

Du hast Frankreich geliebt. Gut, niemand ist perfekt.

Wie wir uns via WhatsApp gestritten haben wie 14-Jährige. Herrlich.

Wie belesen Du warst und dennoch:

Dieser PS-Proll-Fetisch. Himmel, hattest Du einen miesen Autogeschmack!

Kein Zuhälter hätte da je mithalten können.

Zum Glück hast Du Dir nicht diesen Nissan GT-R gekauft.

Stell Dir vor, das wäre das letzte Foto von Dir gewesen. Du in so einer Karre.

Du meine Fresse.

Du hattest eine Lache, dreckig wie die Stadiontoilette der Berliner Hertha, deren Fan zu sein Du Dich öffentlich zu sagen getraut hast. Mutig.

Mein Bruder hat unsere Show eigentlich nur wegen Deiner Lache gehört. Er hätte am liebsten eine gehabt, in der Du die volle Stunde nur lachst. Dann hätten allerdings Deine klugen Zwischenfragen gefehlt, die immer wieder haben aufblitzen lassen, was für ein gescheiter Mensch Du doch bist. Warst.

In einer der letzten Sendungen war der Journalist Hajo Schumacher zu Gast und sprach über sein aktuelles Buch «Restlaufzeit». Darüber, wie wir unser Leben gestalten sollten. Dass Lebensqualität keinen Aufschub duldet. Dass wir die Dinge sofort tun müssen. Das Leben genießen. Unseren Lieben sagen, was sie uns bedeuten. Unaufgeräumtes bereinigen.

Er hat wie so häufig recht.

Wenn wir doch schon auf die Quantität keinen Einfluss haben, dann müssen wir doch umso heftiger an der Qualität schrauben.

Glauben wir denn ernsthaft, dass am Ende des Lebens, kurz vor der Ziellinie, einer mit 'nem Präsentkorb auf uns wartet?

«Hier, Klaus Hermann, für dich, weil du so schön gespart und auf Urlaube verzichtet hast!» Am Arsch!

Hätte ich mal – der traurigste Satz, den ein Mensch sagen kann.

«Müsste ich irgendwann auch mal» ist ein Trickbetrüger, der uns die schönsten Momente aus der Tasche zieht.

Vielleicht ganz gut, dass Du den pathetischen Schrott hier nicht mehr lesen kannst. Du hättest klügere Zeilen verdient. Als Literat, der Du warst. Als Zeichen der Zuneigung hast Du mich kürzlich in Deinen Buchclub aufgenommen. Was mich – als freundschaftlich Zugezogenen – sehr stolz gemacht hat. Tut es noch. Das Prinzip Buchclub ist einfach: Deine beiden besten Freunde und Du kauft Euch alle dasselbe Buch, und einen Monat später trefft ihr Euch, um abends gemeinsam darüber zu reden.

Eigentlich geht es dabei nur ums gemeinsame Saufen, klar, klingt aber kultivierter.

Zum Einstieg in den Zirkel hast Du mir mein Einstiegsbuch geschenkt:

«Sterben» von Karl Ove Knausgård.

Den prägnantesten Satz des Werkes findet man gleich auf dem Buchrücken:

«Für das Herz ist das Leben einfach: Es schlägt, solange es kann.»

Vielen Dank für das Buch, Basty.

Die Pointe hättest Du Dir trotzdem sparen können.

PS: Ich glaube immer noch, dass Du das lesen wirst.

Verwechslungen

Als Mann sollte man dazu stehen, dass einem dann und wann spontan die Tränen kommen.

Allein der Anlass sollte stimmen.

Gestern saß ich beim Frühstück in einem Café und erzählte meinem Gegenüber die üblichen Heldentaten, während ich Rührei mit Lachs genoss.

Zwischendrin nahm ich mit der Gabel von dem geraspelten Parmesan auf dem Teller.

Käse ist lecker. Da kann man ruhig mal zulangen. Es sollte dann aber auch schon Käse sein.

Es wurde schnell klar, warum es Unsinn war, dass Parmesanraspel neben dem Lachs liegen, wo Meerrettich da doch viel angebrachter wäre.

Die Wirkung sollte schnell einsetzen. Genauso gut hätte ich auch Ata sniffen können.

Jedenfalls war ich für eine knappe Minute ziemlich ruhig. Dafür kenne ich jetzt jeden Winkel meines Nasennebenhöhlensystems.

Aber fragen Sie mal meinen Freund Töne, der bei einem Meeting beherzt von der Avocadocreme nahm, nur um Sekunden später festzustellen, dass der wasabigrüne Ton der Paste nicht von ungefähr kam.

Die nächsten Minuten kam von ihm während der Sitzung nicht mehr allzu viel.

Warum er darauf kommt, dass auf einem Tisch voller Sushi ausgerechnet Avocadocreme stehen sollte – das kann ihm vermutlich nur jemand erklären, der auch Parmesan zum Lachs isst. Verwechslungen sind generell eine unterhaltsame Sache – es sei denn natürlich, man sitzt 17 Jahre im Knast in Kansas City, weil man sich zufällig dieselbe Frisur mit einem Bankräuber teilt. Oder schwarz ist. Man weiß es nicht so genau.

Verwechslungen können ja durchaus vorteilhaft sein. So hat Saddam beispielsweise jahrelang diverse Doppelgänger auf die Straßen geschickt, die sich berufsmäßig an seiner statt haben erschießen lassen. Eigentlich ein Scheißjob, wenn man ehrlich ist.

Dass das Reservoir an Wanderduplikaten irgendwann erschöpft ist, muss ihm spätestens klargeworden sein, als er am Galgen hing. Unschöne Geschichte.

Verwechslungen sind nur allzu menschlich. Berlin verwechselt sich z. B. häufig mit New York, und inmitten dieser Stadt hat ein gewisser Martin Schulz sich zwischenzeitlich mit Willy Brandt verwechselt – und 100 Prozent der SPD-Mitglieder haben den kleinen Quatsch mitgemacht.

Legendär ist ein BBC-Fernsehinterview, in dem ein Experte zehn Minuten lang über die Zukunft von Apple und des Internets referiert, brav alle Fragen interviewt.

Dabei wollte der Mann eigentlich nur zu einem Bewerbungsgespräch (engl. «Interview») als IT-Experte bei ebendiesem Sender, während im Nebenraum der richtige Experte auf seinen Interview-Einsatz bei ebendieser Live-Sendung wartete. Vergeblich. Denn zum Interview aufgerufen wurde eben der andere – und bluffte sich, zwar stammelnd, aber schlussendlich doch überzeugend so durch.

Ähnlichen Druck muss seit Jahrzehnten z. B. Heino Ferch empfinden, den man hierzulande gern und mit voller Absicht mit Bruce Willis verwechselt.

Meine Freundin erinnert sich immer wieder mal an einen Moment, als sie im Ausland von einer Frau angesprochen wurde, die ihr fast schon euphorisch mitteilte, dass sie sie an einen Star erinnere.

An «diese Sängerin».

Jetzt schon einigermaßen vorfreudig, wollte sie natürlich auch wissen, wer das sein sollte.

Mit ihren großen dunklen Augen und dem schwarzen Haar kamen ja noch einige in Frage.

«Na ... diese ... ehm ... AH! Ich weiß! Amy Winehouse!»

...

Nun ja. Ein drogensüchtiges Wrack.

Das ist doch genau das, was man über sich hören möchte.

Selbst mein doch so unverwechselbares Schimpansengesicht schützt mich nicht vor unliebsamen Täuschungen. So musste der honorige ZDF-Morgenmagazin-Moderator Mitri Sirin mit dem Vorwurf leben, er sei ich. Fast panisch rasierte er sich daraufhin.

Ich selber muss häufig für die Verfehlung des bekannten Influencers Jochen Schropp herhalten. Es gibt aber auch Tage, an denen mich meine Mutter besorgt anruft und fragt, ob es mir gutgehe und ich nicht mal ein wenig schlafen möge – das ist dann meist, wenn Schauspieler Ulrich Matthes irgendwo in einer Talkshow sitzt.

Ich persönlich habe eigentlich nur einmal einen echt überzeugenden Doppelgänger von mir gesehen. Das war in einem Bericht über den frisch erschossenen «einäugigen Taliban». Auch nicht sooo schmeichelnd, wenn Sie mich fragen.

Immerhin habe ich noch beide Augen.

Wenngleich stark tränend.

Am Ende hat mein entsetztes Meerrettichgesicht zumindest alle zum Lachen gebracht – und das ist doch zumindest das, was man von einem Unterhalter erwartet.

Gelacht haben übrigens Ingo, der aussieht, als hätte man Dave Grohl mit Thomas Anders gekreuzt, und Oli, dem nicht selten eine Ähnlichkeit mit Harald Glööckler nachgesagt wird.

Und jetzt lache ich.

ME VS. QUITTUNGEN SORTIEREN...

Tätowierungen

Die Haut ist der Spiegel der Seele, so heißt es.

Im Hochzeitalter der Tätowierungen allerdings ist man wohl besser bedient mit einer modernen Adaption:

Die Haut ist nicht ihr Spiegel – sie ist ihr Facebook-Eintrag.

Wie konnte das alles so fürchterlich schieflaufen?

Und viel wichtiger noch: Wie konnte ich, der noch kaum einem flüchtigen Trend entkommen ist, ausgerechnet um eine langfrist-peinliche Bemalung herumkommen!

Natürlich bin ich ausgesprochen froh darüber.

Mit 41 gehe ich auch davon aus, dass das noch geschehen wird.

Wenn man mit Eintritt in die Vierziger ein Wagnis eingehen will, echten Nervenkitzel verspüren möchte, dann kann man zur rektalen Darmkrebsvorsorge gehen, eine syrische Familie aufnehmen oder einen jüdischen Delikatessenladen in Berlin-Neukölln aufmachen.

Dinge wie Longboard fahren, eine Deutschrapgruppe gründen oder einen Motorradführerschein machen, zählen ganz gewiss nicht dazu.

Es gibt doch auch schöne E-Bikes, Herrgott.

Tätowierungen sollten nur dann auf der Bucket List stehen, sollte es sich bei diesem «Bucket» um einen Schweineeimer handeln.

Sind wir doch mal ehrlich: Wo liegt der tiefere Sinn darin, sich Farbe unter die Epidermis tackern zu lassen?

Der Ausweis von Individualismus kann es nicht mehr sein.

Geht man heute durch ein handelsübliches Freibad, wähnt man

sich in einer Art Stromkastenmuseum, so dilettantisch bemalt und bekrakelt sind die Exponate, die man da zu sehen bekommt. Ein unbemalter Körper ist hier so selten anzutreffen wie ein gerader Satz. Aber das nur am Rande.

Ich möchte nicht unken, aber mitunter wirkt es so, als habe man einen Schimpansen mit Schlaganfall auf Hunderte hilfloser, unbekleideter Berufsschüler losgelassen.

Kann man noch originell tätowiert sein?

Nehmen wir nur das Jahr 1996. Damals machte ein Streifen namens «From Dusk till Dawn» recht schnell die Runde.

Die einen hielten Rodriguez' Vampir-Roadmovie für absolut missratenen Splatterkäse.

Andere fanden ihn nicht so gut.

Einig war man sich lediglich, dass der Schlangentanz von Salma Hayek auf Wiedervorlage geht, sobald man mit der DVD alleine ist, und, natürlich: das Tattoo von George Clooney.

Damals wanderten großflächig-schwarze flammenähnliche Gebilde von seinem Schlüsselbein über die Schulter den Arm herab bis zum Handgelenk.

Wenige Monate nach Aufführung hatte so ziemlich jeder von Bottrop bis Boston diesen Style auf der Extremität. Wirklich JEDER! Bis auf Clooney natürlich.

Der war beileibe nicht so bescheuert.

Nein, wirklich, es gab Mitte / Ende der Neunziger keine Diskothek im Ruhrgebiet, an deren Tür nicht mindestens drei von drei Empfangsprimaten mit diesem Asifresko standen.

Nur ca. zwei Jahre später, ich machte gerade Zivildienst, tauchte auf einer zu Recht vergessenen Verleihung die damals noch sehr bekannte Sabrina Setlur auf in einem am Rücken so tief ausgeschnittenen Kleid, dass man oben bereits erwähnte Vorsorgeuntersuchung locker zwischen rotem Teppich und Canapé hätte erledigen können.

Was die Robe bewusst freilegte, war ein zu diesem Zeitpunkt noch atemberaubend großes und regelrecht verwegenes Tribal, welches über den kompletten Steiß verlief.

Die Folge war absehbar: Ähnlich der Clooney-Flamme setzte eine Massenpunktion ein, in deren Folge Tätowierer sich förmlich wundpixelten. Alles zwischen 15 und 45 wollte dieses CMA-Gütesiegel haben! 16-jährige Mädchen fälschten Pässe, Lebensläufe und tauchten mit Schauspielern auf, die ihre Eltern spielten, um diese Kunst am Körper gütig durchzuwinken.

Frauen, ja, sogar Männer! (Ich habe mal eines gesehen. Der Kollege bückte sich, und ich habe geschaut wie Louis de Funès.) Eine gesamte Branche war buchstäblich am Arsch.

Steiße in der Größe der Sixtinischen Kapelle wurden mit Hektolitern Farbe unterspritzt, dass es zwischenzeitlich zu regelrechten Versorgungsengpässen kam.

Eine Freundin von mir – mittendrin. Dreimal startete sie einen Versuch. Lediglich ein gewissenhafter Hautmaler konnte sie davon abhalten. Vor oder während eines Surfurlaubs oder kurz vor einem langen Rückflug aus Australien bestanden schlicht medizinische Bedenken.

Ihr Glück.

Kurze Zeit später fand das eben noch so verruchte Steißtattoo sein jämmerliches Ende als «Arschgeweih» oder «Schlampenstempel» und ward fortan nicht mehr bei Galapremieren gesehen, sondern als mahnend leuchtender Rumpf, der an mallorquinischen Stränden aus dem Sangriaeimer hängt, und zentraler Bestandteil des RTL-II-Hau(p)tprogramms.

Bedenkt man, dass ich 1997 zwanzig Jahre alt war, muss man sagen:

Ich hatte mehr Glück als Verstand.

Das höchste der Gefühle war, dass ich mal darüber nachdachte, mir ein «Tattoo Sleeve», also ein Langarmshirt mit aufgedrucktem Zierrat, zu kaufen, weil Enrique Iglesias das mal in einem Musikvideo trug, und bei Gott, ja, ich weiß, wie unglaublich traurig DAS ist.

Tätowierungen trugen früher Seeleute, Knackis oder Schausteller.

Heute kannst du davon ausgehen, dass die bunt bemalten Arme zu einem Barista oder einem Profifußballer gehören – und es geht so rasend schnell.

Lionel Messi, bis dato gerne als Autist auf dem Fußballfeld betrachtet, schien sich innerhalb einer Halbzeitpause komplett durchstechen gelassen zu haben. Selbst der sonst so brave Toni Kross trägt mehr Farbe auf dem Arm, als der Tuschkasten seiner Kinder hergibt.

Soll wohl Wildheit suggerieren. Beißt sich aber ein wenig mit seinem Musikgeschmack. Der Mann ist Pur-Fan. Seufz.

Aus dem Abenteuerland-Tattoostudio kam Marco Reus mit einem interessanten Motiv wieder heraus. Auf seinem Arm steht schlicht: Marco Reus. Gut, möchte man sagen: Immerhin schon mal garantiert eine richtige Antwort bei der theoretischen Führerscheinprüfung.

Der von mir verehrte Sylvester Stallone hat erst mit Mitte 60 angefangen, sich großflächig tätowieren zu lassen. Es wirkt bedürftig. Nicht, dass es noch eines Beweises bedurft hätte, dass Rocky mit dem Alter in etwa so gut klarkommt wie Harvey Weinstein mit dem Wort «Nein».

Dann vielleicht doch lieber ein Motorrad.

Tätowierungen gefallen mir. Ich finde sie oft sehr schön. Fast sehnsüchtig blicke ich darauf. Als Ausdruck von Individualismus indes taugen sie nicht.

Da ist der unbemalte Körper eine erstrebenswerte Minorität.

Und, hey, nichts gegen Körperkunst, nur: Wenn man bedenkt, dass das Tattoo auf der Haut miterschlafft, schafft man vermutlich weniger einen neuen Leonardo da Vinci – eher die zerlaufenen Uhren von Dalí.

Will man das?

Zoo House

Junge, trainierte Männer in kurzen Badeshorts mit Designersonnenbrillen sitzen am Rande des Pools, nippen an ihren Drinks und statuieren bedeutungsschwanger vor sich hin. Ein Bild wie die Startseite von GayRomeo.com. Oder eine Dolce-&-Gabbana-Anzeige. Was streng genommen das Gleiche ist. Wenn die Augustsonne den Last Call ausstrahlt, versammeln sich die Hedonisten noch einmal zum pheromonalen Sommerschlussverkauf auf der Dachterrasse. Vom Soho Haus. Berlin.

Eine Art Country-Club, der weltweit Dependancen hat und seinen zahlenden Mitgliedern die Möglichkeit bietet, den Fitnessclub zu nutzen, das Restaurant, die Bar, sogar ein eigenes kleines Kino gibt es. In den Räumlichkeiten lässt sich auf schicken Möbeln rumlungern, im obersten Stock über die Skyline von London, New York oder Los Angeles blicken oder – wenn man Pech hat – über die Mörtelwüste Berlin.

Das Soho Haus nutzt die Räumlichkeiten des ehemaligen Politbüros der SED-Oberen – die allerdings kamen sich vermutlich nie so wichtig vor wie die meisten, die hier ein und aus gehen. Bereits die Anmeldung unten in der Lobby gerät zur Farce, als ich mich – man wird von einem Member als Gast angemeldet – irrtümlicherweise auf Deutsch vorstelle. Logisch, wir sind in Berlin-Mitte. Englisch ist hier Amtssprache. So verpflichtend wie Laktoseintoleranz. Das mit der Anmeldung durch einen Stammkunden: ein cleverer Schachzug gegen unkontrollierte Zuwanderung durch Touristen oder Asylmissbrauch durch ... nun ja ... Claudia Effenberg zum Beispiel. Bereits im Lift begegnet mir der erste Vollbart. In Shorts und Espandrillos. Er hat Stunden gebraucht, um so auszusehen, als sei ihm sein Aussehen egal. Ich hätte gern ein Bild beigelegt. Leider ist Fotografieren im kompletten Hipstergehege streng verboten. Fotos fürchten sie hier mehr als die deutsche Sprache. Man schätzt Privatheit. Vor allem die internationalen Prominenten, die hier regelmäßig mal vorbeischauen. Was man für gewöhnlich dadurch mitbekommt, dass irgendeine Society-Kolumnistin sich schnappatmend mit ebendiesen Promis an ebendiesem Ort bei Facebook markiert. Doch nicht nur internationale Größen schauen hier vorbei. Auch Sigmar Gabriel. Nachdem er die komplette *TV Spielfilm* durchtelefoniert hatte, ging bei Schweigers jemand dran, und so schleppte er den beliebten Ausrufezeichner in den Club, um mit ihm bei ca. acht Flaschen Rosé die Gründe für die Flüchtlingsproblematik zu erörtern. Dass er gerade als Wirtschaftsminister die Waffenexporte in den arabischen Raum und Nordafrika verdoppelt hat, hat er vermutlich vergessen, seinem Kumpel zu erzählen.

Wenn beide an den Akkuzapfstationen ihre iPhones aufladen konnten, war der Nachmittag zumindest für irgendwas gut. Ja, es gibt diverse Docking-Stationen hier im Barbereich, die Kabel drapiert in kleinen Vogelhäuschen, an denen man gratis sein Smartphone aufladen kann.

Ohnehin gibt es hier mehr iPhones, iPods und MacBooks als in jedem Apple Store.

Was klar ist: Schließlich ist das hier eine Art intellektueller Swingerclub für Kreative. Und die sitzen immer vor ihrem MacBook, Sekunden vor dem großen Durchbruch mit ihrem «Projekt».

Ein schöner Euphemismus für Arbeitslosigkeit ist das.

Hier wird gemoved und geshaked, dass die Schwarte kracht.

Member wird, wer kreativ ist, Künstler, wer dem Kulturbetrieb das nächste Ei ins Nest legt.

Und nicht etwa Anwalt, Arzt oder Banker – Hamburger haben hier also nichts zu suchen.

Ebenso wie diejenigen, die keine zwei Soho-Housebesetzer finden, die für sie als Neu-Mitglied bürgen. Um überhaupt in die Vorauswahl zu gelangen. Könnte ja jeder kommen.

Ich sitze also zusammen mit einem Kumpel Schmitti, dem Member, Türöffner, ach was, dem Mann mit der Schlüsselgewalt fürs Paradies, in Barnähe am Tisch und beobachte die hektische Nonchalance.

Wir haben Notebooks vor uns aufgeklappt, um nicht aufzufallen.

Ähnlich wie die Prozedur bei «The Walking Dead», wenn die Protagonisten sich mit fauligen Innereien einreiben, um von den Zombies als einer der ihren in Ruhe gelassen zu werden. Tatsächlich arbeiten wir. Lediglich unterbrochen von ein paar Bieren, ein paar Gläsern Weißwein – und dem ständigen Blick auf all die anderen, die hier sind: Ein Typ, der aussieht wie ein Narco aus einem Don-Winslow-Roman, ganz in Schwarz mit Moustache, macht sich Notizen. Vermutlich die Reihenfolge derer, die er mit der Uzi in seinem Gitarrenkoffer nachher im Grill Royal ummetert. Soeben kommt Noel Gallagher um die Ecke. Zumindest jemand, der ihm entfernt ähnlich sieht. Dann Ringo Starr. Es macht Spaß, sich vorzustellen, dass es die echten sind. Und nicht etwa Abziehbilder. Davon gibt es hier reichlich. Man badet wahlweise im Pool. Oder im Klischee.

Die Arbeitslosenquote hier oben ist gerade höher als in Duisburg-Marxloh, und die wenigen, die hier tatsächlich geschäftlich sind, versenken dank ihrer roségetränkten Rübe gerade Hunderttausende Euro.

Wo wir gerade über Geld sprechen: Ist man unter 27, kostet die Mitgliedschaft weniger.

Auch so eine Art Club 27 – allerdings ohne die kulturelle Bedeutung seiner Member.

27. Das ist gelebte Gerontophobie.

Die Qualität meiner Arbeit wird mit zunehmender Sonneneinstrahlung und flankierendem Bier auch nicht besser. Dafür aber die Stimmung.

Jetzt, da die Szenehengste zum Royal Rumble blasen.

Sie haben wirklich alle ihr Poloshirt ausgezogen. Lacoste-Intoleranz.

An mir vorbei streift ein junger, dürrer Kerl, der aussieht wie einer, der in Homeland den Terrorfürsten gespielt hat. Auf seinem rechten Brustmuskel prangt ein Löwenkopf. Was vermutlich für Durchsetzungsstärke steht. Wahrscheinlich aber auch nur für zu viel Tagesfreizeit, sich diesen Schwachsinn tatsächlich tätowieren zu lassen.

Es sind wirklich sehr viele Tätowierte hier. Vielleicht ist das hier so eine Art Messe.

Eine junge Frau nimmt ein paar Tische weiter Platz. Ein Model. Sie muss Model sein. Ich mein, sie ist jung, schlank, attraktiv – und hier! Über ihr MacBook ragt ein dermaßen großer Hut, dass Schmitti und ich versucht sind, hinzugehen und sie zu fragen, ob hier gerade Los Wochos sind oder warum sie einen Sombrero trägt.

Der Alkohol zeigt zweifellos Wirkung.

Um stylicher zu whatsappen, tragen die Mädels hier ein weißes T-Shirt und diese karottige Boyfriend-Jeans, deren Bund so weit oben sitzt. Das ist kess, frech und trendy gemeint – erinnert aber unweigerlich an Begrüßungsgeld und Leute, die freudig auf Trabbi-dächer hauen.

Da hinten am Tisch: ein Mann, der aussieht wie Florian Langen-scheidt. Er ist erbärmlich gut gelaunt. Muss wohl der echte sein.

Auffälliger Herrenüberschuss. Die unvermeidlichen aufgespritz-ten Frauen, die daran interessiert sind, sich in Wohlstand hinein-zuschlafen, wissen wohl, dass hier nix zu holen ist – dann lieber im Vapiano oder irgendeiner Burgerbraterei denjenigen auflauern, die Mittagspause von einer echten Arbeit haben.

Unser Tagewerk ist mittlerweile vollends zum Erliegen gekom-men. Das Bier.

Überdies gibt es echt viel zu gucken. Jemand hält sich zum Tele-fonieren ein iPad ans Ohr. Es sieht sehr dumm aus.

Möglicherweise ist er aber auch the incredible shrinking man und weiß es noch nicht.

Dem Pool – einer Poserbowle mit ganzen Früchten – entsteigt ein Typ und geht Richtung Bar. Mich amüsiert der Gedanke, dass den meisten hier ein Pauschalurlaub auf Mallorca ein Graus wäre – letztendlich aber zahlen sie monatlich viel Geld, um an einem Ort zu sein, wo Typen in Badeplinte mit Bier an der Theke sitzen.

An Arbeit denkt jetzt wirklich niemand mehr. Der ganze Laden ist eine einzige Prokrastinationsfabrik, ein Disneyland für Scheinriesen, alles hier brüllt «Look at me!».

Soho klingt nicht von ungefähr wie Zoo.

Schicke Scharlatanerie für all jene, die mal wieder lifesteil gehen wollen und sich anschicken, die Sonne im Blenden zu schlagen.

Kurz und gut: Es ist herrlich. Ich will da schnell wieder hin.

Gibt es zwei, die für mich bürgen wollen?

Sag zum Abschied leise Cheese

Eitelkeit schlägt Intelligenz. Immer.

Zu dieser Erkenntnis bin ich schon früher gelangt, und es bedarf keines Trump, um das immer wieder zu erkennen.

(Wobei man da fairerweise sagen muss, dass das bei ihm ein ungleiches Duell ist.)

Der Narziss will für immer schön sein, niemals alt werden – und auf traurige Art gelingt das zuletzt auch immer mehr Leuten.

Der sogenannte Selfie-Tod scheint, zumindest im Boulevardjournalismus, ein mittlerweile weitverbreitetes Genre zu sein.

Wir haben uns ja daran gewöhnt, kaum noch Postkarten zu bekommen. Stattdessen können wir sozialen Netzwerken entnehmen, wo sich der Freund / Bekannte / verdammte Ex-Mann gerade aufhält. Wobei das so nicht ganz richtig ist. Der Aufenthaltsort und seine Charakteristika ist den Aufnahmen in der Regel kaum zu entnehmen, da der Freund / Bekannte / verdammte Ex-Mann so viel von dem Bild einnimmt. Eine Unsitte und grobe Unsportlichkeit gegenüber der Architektur und / oder Landschaft des Ortes, von dem aus man da gerade sendet. Egal, ob Taj Mahal, Himalaya oder Bielefelder Fußgängerzone – stets möchte man dem Fotografen zurufen: «Ich würde so gern den Zauber der Gegend genießen. Allein, ihr Wurstgesicht lässt es nicht zu.»

Mailand oder Madrid – Hauptsache, ich bin in Italien.

So weit, so schlimm. Jetzt allerdings kommt der wirklich unschöne Part.

Seit Jahren erhöht sich die Sterblichkeitsrate, vor allem bei jüngeren Leuten, da es eine wachsende Sorglosigkeit beim Erstellen der Bilder gibt. Da, wo der Mensch auf seine Alarmsignale vertrauen konnte, ist jeder Gefahrensinn abgeschaltet – oder zumindest von brüllend lauter Selbstgefälligkeit übertönt.

Und glauben Sie mir, in Sachen Selbstgefälligkeit kenne ich mich aus.

Felsen, auf die der Durchschnittsurlauber nicht einmal mit Bergführer gegangen wäre, werden heute mit Flip Flops erklettert, nur um an deren rutschiger Spitze noch in die Luft zu springen, um für Instagram oder Facebook Lebensfreude zu simulieren. Leider ist dieser kurze Yolo-Moment dann auch der letzte, da die Koordination von Kamerawinkel und Absprung so missglückt ist, dass der hippe Kletterer nicht wieder auf dem Felsen aufkommt, sondern ca. dreißig Meter weiter unten.

Unglücklich. Gerade dort, wo Waffen schneller in die Hände von Dummköpfen geraten können, gehen sie naturgemäß auch schneller los. Speziell dann, wenn der waffenliebende Selfieschütze im Eifer des Gefechts nicht mehr genau weiß, bei welchem Gerät er gerade den Auslöser drückt. Hält man sich dann für ein cooles Pic vorher die Knarre an den Kopf, muss man sich zumindest über weitere gelungene Schüsse keine Sorgen mehr machen.

Klar, das alles ist auch irgendwie Darwinismus, und die Doofen sortieren sich selbst aus. Ein bissl traurig ist es dennoch. Früher, wenn eine Speikobra, ein Löwe oder von mir aus auch Markus Söder vor einem gestanden hat, ist man einfach geflüchtet. Heute kommt vor dem Fluchtreflex erst einmal der Drang, die Situation in einem Selfie festzuhalten. Auch eine Möglichkeit, der Überpopulation Herr zu werden. Die Gesellschaft selft sich ab.

Die Wirkung ist die Ursache.

Wahrlich keine Sternstunde der Evolution.

Wir wollen Dinge festhalten – und lassen deshalb Vorsicht und alles andere ziehen.

Und wenn wir uns mit einem Handyfoto nicht gleich selbst

umbringen, so bringen wir uns um: besondere Ereignisse. Wir verpassen sie beim Festhalten, während wir durch den Sucher blicken. Das Geschehen aus der zweiten Reihe. Konzerte, Momente am Strand oder von mir aus auch Onkel Franz mit dem Kopf im Kartoffelsalat.

Smartphones töten.

Im besten Falle nur den Moment.

Prost von Beisi:
Liebe Andrea Nahles

Liebe Andrea Nahles,

an einem Tag, der geprägt war von Bränden in Kalifornien und Jerusalem, noch für ein besonderes Lowlight zu sorgen, das muss man auch erst einmal schaffen.

Sicher, wenn Du weißt, es ist SPD-Parteitag, dann muss man kein Trüffelschwein für Peinlichkeiten sein, um auf ebendiese zu stoßen.

Irgendwo zwischen Gewerkschafterchor in roten Jacken und hektisch befleckten Jusos findet sich immer jemand, der einem nachhaltig auf die Verdauung schlägt.

Und es war dann tatsächlich nicht einmal Flip-Flop-Schulzi, auf den Hashtags gekloppt wurden wie sonst nur Schlappen auf Bilder von Donald Trump.

(Mit 81,9 Prozent bei der Wahl zum Parteichef hat er es übrigens fertiggebracht, binnen kürzester Zeit noch mehr Prozente zu verlieren als seine eigene Partei. Kompliment.)

Natürlich waren Sie es: Andrea Nahles, der stets übergriffig gutgelaunte Stimmungstanker aus der Eifel.

Wenn Sie wie Samson aus der Seltsamstraße Richtung Rednerpult töffeln, dann krallen sich erfahrene Delegierte erwartungsschwanger zentimetertief ins Furnier.

Und Sie liefern. Bei Gott, Sie liefern.

Ich kann es ja durchaus verstehen, dass es irgendwie ein erhebendes Gefühl sein muss, als Partei am Boden liegend es doch noch mal irgendwie Richtung Ringecke zu schaffen.

Ist gewiss schön, die Not der Kanzlerin zu spüren und sich plötzlich wieder wichtig fühlen zu dürfen.

Große Politiker hätten solche Situationen souverän erkannt und lässig ausgespielt.

Aber es ist eben nicht nur wichtig, ein guter Verlierer zu sein.

Es ist noch viel wichtiger, ein guter Gewinner zu sein.

Oder irgendwas dazwischen. Zum Beispiel eine gute Fraktionsvorsitzende.

Oder halt eben Andrea Nahles.

Die es fertiggebracht hat, eine vermeintlich gute Verhandlungsposition in Sachen GroKo wie folgt zusammenzufassen:

«Die SPD wird gebraucht. Bätschi, sage ich dazu nur. Und das wird ganz schön teuer. Bätschi, sage ich dazu nur.»

Bätschi. Ja. Sie hat Bätschi gesagt.

Worte wie Verzögerungscreme fürs Ohr.

Es hat mir körperlich weh getan. Und das passiert mir derzeit eigentlich immer nur bei Trump.

Bätschi. Ja, wirklich.

Nur fürs Protokoll. Andrea Maria Nahles ist 47 Jahre alt und durch einen irren kosmischen Zufall Fraktionsvorsitzende einer großen deutschen Partei* und nicht etwa die Zweitbesetzung von Bibi Blocksberg in der Schultheateraufführung von «Bibi & Tina» in der Stadthalle Gütersloh.

Mit jedem Bätschi stirbt irgendwo ein roter Schal.

Was ist bloß los mit Ihnen? Wie kann man beim Gegenüber jedweden Anflug von Kompetenzvermutung binnen weniger Sekunden einfach so wegkarnevalisieren.

Gehen wir mal davon aus, aus irgendeinem unerfindlichen Grunde wäre man auf diesem Parteitag plötzlich wieder für die

---

* Mittlerweile ist sie deren Vorsitzende. Zumindest Stand jetzt, Oktober 2018.

SPD entflammt. Schulz gibt den Willy, die «Vereinigten Staaten von Europa» oder die Sondierungsanbahnung, wasweißich.

Spätestens wenn der letzte noch aktive Vulkan aus der Eifel loslegt, wird dieses zarte Glimmen Sympathie zertreten, ausgetrampelt und totprovinzialisiert.

Es ist ein Drama.

Mit der Grazie einer pfälzischen Leberwurst-Königin planiert sie sämtliche Ambitionen ihrer Partei auf so etwas wie Wählbarkeit oder Macron'sche Klasse.

Gerade mal ein paar Monate ist es her, dass ihr «Jetzt gibt es in die Fresse»-Ausflug in die Welt von Schlüters Boxbude rauf und runter zitiert wurde. Als Beleg dafür, dass diese Frau zwar fleißig ist, aber als würdevolle Repräsentantin eines Volkes so geeignet ist wie Harvey Weinstein als Chefaktivist bei Femen.

Berti Vogts war fachlich ja auch ganz gut.

Und der hat nicht einmal gesungen.

(Oder doch?)

Es ist alles so bollerig, so unelegant, so heillos provinziell kurtbeckig, dass man flennen möchte.

Vor allem, wenn man hört, dass es innerhalb der Partei Menschen gibt, die sie ernsthaft als Spitzenkandidatin bei möglichen Neuwahlen sehen.

Lachend in die Kreissäge.

Wobei mit «Kreissäge» nicht die Stimme von Nahles gemeint ist.

Gut, es gibt auch die anderen, die in Malu Dreyer sehnsuchtsvoll den Gegenentwurf anschmachten. Was ich nachvollziehen kann.

Viele von uns haben Jahre gebraucht, um Ihren Pippi-Langstrumpf. «Ich mach mir die Welt widde widde wie sie mir gefällt»-Auftritt mit Terpentin wieder aus dem Gehörgang zu kriegen, und jetzt dieser erneute Ausfall.

Ich möchte die SPD gut finden. Wirklich.

Diese einst so stolze Arbeiterpartei.

Aber wenn Schulz bedauerlicherweise schon mehr Würselen als Washington ist, dann sind Sie der Beleg dafür, dass es die Genossen wohl auch nicht besser verdient haben, als in der verregneten Fußgängerzone von Dülmen zwischen Pimkie und C&A Luftballons zu verteilen.

Die einen sind Bundeskanzler, die anderen eben mehr Bundeskegelbahn.

Im Zuge der Sexismus-Debatte haben Sie unlängst Ihre Erfahrungen eingebracht und bilanziert: «Ich habe in meinem Leben unglaublich oft gehört: Die kann das nicht.»

Das glaube ich sofort.

Nichts wie raus aus dem Baumelhaus – Umzug, Teil 2

Das «Baumelhaus».

So heißt der Bau mittlerweile nur noch.

Ein unschöner Spitzname, der daher rührt, dass Nikki sich stets vorstellte, sich in dem Raum, der ursprünglich das Schlafzimmer sein sollte, aber nun nur noch dazu dienen sollte, ihren Kram, den sie zwar aus Frankfurt hierhergeschafft, aber wirklich nicht mehr in den Schrank einräumen wollte, einen Strick zu nehmen und einfach zu erhängen, also: baumeln.

Ähnlich wie sie sich in dem Raum, der Wohnung, ja, dem gesamten Haus müssen sich die «Gastarbeiter» in den 50ern gefühlt haben, die zwar in Deutschland angekommen, aber nie wirklich angekommen waren.

So vieles, das wir noch verpackt dort stehen hatten, keine Lust mehr, Bilder oder Lampen aufzuhängen, da irgendwie klar war: Hier würden wir nicht bleiben.

Gardinen oder Jalousien hatten wir natürlich ebenfalls keine, und da im Bad keine Milchglasscheibe uns vorm Exhibitionismus bewahren konnte, musste ein billiger Bettbezug mit Eulenmuster herhalten. So blickten wir Woche um Woche schon von weitem auf die musternden Augen der Eule, die uns vom Badezimmer im ersten Stock anblickten, wenn wir die Auffahrt hinaufgingen.

So muss Norman Bates in Psycho auf das Haus seiner Mutter geblickt haben.

Wobei die Mutter zumindest alles im Griff hatte.

Von Werner Voss*, unserem Vermieter, konnte man das wahrlich nicht behaupten.

Ein freundlicher Mann, Ende fünfzig, Porsche-Fahrer, Schöngeist, «neue Frau» Asiatin.

Da gab es durchaus Parallelen in der Vita (nein, nicht das Alter), die Basis für ein freundschaftliches Verhältnis hätten sein können.

Und das wollten der Vermieter und seine Frau auch.

Werner ist grundsätzlich einer von den good guys. Gut, man müsste jetzt mal die Ex-Frau fragen, aber da käme ich womöglich auch nicht gut bei weg.

Leicht buckelnder Gang, das Haar so dünn und grau wie der gesamte Mann, Philanthrop, nach eigener Aussage sozial aktiv in Hamburg.

Ein freundlicher Mann mit besonnenem Auftreten.

Hat damals als Anwalt mal Hausbesetzer aus der linken Szene vertreten, dann aber wohl irgendwann festgestellt, dass Hausbesetzer sein zwar schön ist, Hausbesitzer aber noch viel besser. Er besitzt nun viele teure Objekte, von denen die neue Frau gewiss von oben herab auf diese Liste blickt: Mimi. Eine Frau, für die sämtliche Boutiquenbesitzer auf der Kö töten würden. Im Duden stünde neben «Trophy Wife» ihr Foto, wäre es nicht ein englischer Begriff.

Der Inbegriff der zweiten Frau, bei dem die alten Freunde die Augen rollen und darauf warten, dass er sich endlich ein Motorrad kauft.

Ihr Auftreten, irgendwo zwischen Housewives of Hamburg und den Kardashians, ist ein recht guter Indikator für diese gemeine Unterstellung.

Come on: das Porsche-Emblem vom Lenkrad des Cayenne oder die Luxusbadewanne im eigenen Bad als WhatsApp-Profilbild?

Die Badewanne mag frei stehen – SIE jedenfalls hat sich nicht zu ihrem Nachteil verpartnert.

---

* Name vom Autor geändert

Wo waren wir?

Ach ja. Das tolle, enge Verhältnis, das wir trotz der kaum zu übersehenden Unterschiede aufzubauen willens waren.

Ich meine, bereits beim ersten Treffen lagen sich meine Frau und Mimi, also seine Frau, bereits in den Armen.

Es läuft wohl grundsätzlich nach dem Prinzip: Schöne Enddreißigerin zeigt den Interessenten die Wohnung, die Falle schnappt zu, und plötzlich hockst du in einer heillos überteuerten Bude, die höchstens noch für RTL-II-Dokus taugt.

Aber jetzt wirklich zurück zu unserer sich anbahnenden Freundschaft mit dem Ehepaar, auf deren Konto ab sofort jeden Monat ein Höllenbetrag wandern sollte.

Ach, was war das nett.

Die Signale standen auf Grün für eine herrliche, gemeinsame Zukunft. Rotweinselige Abende, Grillpartys, wir würden die Paten der jeweiligen Kinder, ja, zum Geburtstag von Werners Frau waren wir bereits eingeladen!

Jetzt verpuffte das Ganze wie ein Soufflé, oder besser: Es möpselte so dahin wie der Wasserdruck in der Wohnung, der mal wieder so niedrig war, dass die Therme ausfiel und das Wasser kalt bleiben sollte.

Netterweise kam Werner auch selber mal vorbei, um sich der Sache anzunehmen.

Er hatte es nicht weit.

Sie waren ja nicht nur unsere Vermieter, sie wohnten direkt im Haus nebenan!

Oben im Penthouse. Das natürlich bereits längst fertigsaniert war.

Im Gegensatz zu unserem Haus, vor oder in dem zwei freundliche, aber wortkarge Polen handwerkliche Tätigkeiten imitierten, sobald man vorbeikam.

Hier war nix fertig. Außer uns vielleicht.

Traurig und enttäuscht blickte die Eule vom Bettwäschenvor-

hang zum Fenster hinaus auf den Hof. Eine ausgemachte Scheiß-
wohnung.

Ein klärendes Gespräch mit dem Landlord wurde vereinbart. Bei
uns. Im Esszimmer. Einen Tisch zum Dransitzen hatten wir ja.
Immerhin.

Aber wie erklärst du deine Unzufriedenheit, wenn du wie ich über
Wochen hinweg treudoof in den Park schielend gegenüber dem Ver-
mieterpaar alles abgenickt hattest, während deine Frau direkt beim
Erstkontakt mit der neuen Wohnung nichts als Abscheu empfin-
det? Wie soll man von null auf hundert in die Rolle des enttäuschten
Mieters wechseln?

Speziell Mimi berief sich jedes Mal, wenn Nikki sich per Whats-
App oder Anruf beschwerte, darauf, dass «Micky doch alles so gut
gefallen» würde.

So sehr, dass ich ihr ansah, dass es nur noch eine Frage der Zeit
sein würde, bis ihr ein «Ja, aber seht euch diesen Trottel bitte einmal an! Der Mann ist gar nicht in der Lage, den Zustand einer Wohnung zu beurteilen!» entfahren würde.

Wir mussten uns also auf meine generelle Unmündigkeit beru-
fen. Wer wollte die auch groß bestreiten.

Interessant bei der Vermieterfrau am Rande übrigens, wie sich
der Ton ändert, wenn es um Probleme und strukturelle Dissonan-
zen geht. Auf ihrem Vierzigsten waren wir auch nicht. Die Doppel-
rolle aus zermürbten Mietern und euphorisiertem Freundeskreis-
neuzugang trauten wir uns nicht zu.

«Was kann ich denn tun, damit ihr euch hier wohl fühlt?»

Das hätte Werner nicht sagen sollen. Ich, der ich die meiste Zeit
tumb und regungslos danebensaß, um nicht mit spontan inflatu-
lierter Empörung ihren Vortrag zu stören, erlebte, wie Nikki zur
Höchstform auflief. Charmant, aber in der Sache hart wie die Kan-
ten der nicht zu schließenden Toilettentür, ratterte sie wie beim
Versagens-Outburst ein Defizit nach dem anderen herunter. Das
machte nicht nur auf mich Eindruck.

Gut, ich kannte die Prozedur bereits.

Ihm gegenüber war sie kaum sanfter.

Werner sagte uns eine spontane Mietminderung von 300 Euro zu, bis die gröbsten Versäumnisse behoben seien.

Ein kurzes Augenbrauenzucken von ihr später lagen wir bereits bei 500.

Stolze Leistung. Also: 500 Euro weniger, bis der Boden vernünftig versiegelt ist, die Türen ausgetauscht werden und die Toilette zumindest in den Dunstkreis der Menschenwürde gerät.

Man muss fairerweise sagen: So wie Werner hätten nicht viele reagiert.

Reagieren sollte sich generell als seine große Schwäche herausstellen.

Aber ist das befriedigend?

Ist das eine Perspektive, die einen noch mal mit der Wohnung erwärmen kann?

Oder ist diese Bude bereits ein zu bewohnendes null zu sieben, das man mit ein paar Tricks und Haken noch zu einem vier zu sieben hochlügen kann?

Ergebniskosmetik?

Ist Unzufriedenheit ein starkes Glimmen, ist das Gefühl, verarscht zu werden, das Kerosin, welches man hineinschüttet?

Über die fehlenden Steckdosen in der Küche habe ich durchaus noch gelacht.

Oder die nicht funktionierenden im Wohnzimmer.

Ich hätte allerdings nie gedacht, wie sehr ein lieblos saniertes Badezimmer auf die Stimmung drücken kann. Oder der anklagend knirschende Toilettentopf im Klo nebenan.

Ich habe es immer «Gästeklo» genannt. Dabei war es das einzige.

Dummerweise war die Bude neben den anderen wundervollen Features auch unglaublich hellhörig.

Jeder Schritt, den die Nachbarn über uns taten, fühlte sich an wie bewusstes Aufstampfen, das allein, um uns zu schaden, so heftig ausfiel.

Schlimmer allerdings war es unter uns: Susi, eine freundliche Mittfünfzigerin, die an jedem Tag des Jahres Depardieu unter den Tisch trinken könnte und zu der Kategorie Mensch gehört, die beim Smalltalkversuch im Treppenhaus jeden Fluchtreflex des Gegenübers ignorieren kann.

Eine wie sie könnte in der Lindenstraße jederzeit ein halbdomestiziertes Sponti-Fossil spielen. Oder die späte Beate Flöter.

Jetzt war Susi weniger das Problem. Wohl eher ihre Vorstöße nachts im Flur, mit ihr doch eine Meuterei gegen Werner und «die Zugekaufte» zu starten (sie leidet wohl schon länger, hat aber nie den Absprung geschafft).

Der Hund sollte uns zu schaffen machen. Ein Wasweißich von der Größe eines Haflingers. Zwar absolut friedlich – wär ich auch, wenn ich keine natürlichen Feinde hätte –, aber mit dem Organ von Luciano Pavarotti ausgestattet.

Jetzt braucht ein Hund in der Regel einen Anlass zu bellen.

Zum Beispiel die Drogendealer, die stets im Park, einen beliebten Umschlagplatz, also direkt vorm Haus, unterwegs waren.

Und die Dealer waren dort IMMER unterwegs.

Erwähnte ich bereits, dass die Haustür sich nie schließen ließ?

Das will man doch, wenn man offenbar mitten im Nukleus der Hamburger Drogenszene residiert.

Nicht selten standen wir senkrecht im Bett, weil Cujo mal wieder «Requiem for a Dream» wieherte.

Klar, sicher. Natürlich ist jeder unterschiedlich geräuschempfindlich.

Nur ein Beispiel: Ich konnte im Wohnzimmer durch das Babyphone hören, was der Flüchtlings-Dude (O-Ton Susi: «Wir haben uns jetzt auch einen Syrer geholt») beim Telefonieren in seinem Raum eine Etage unter dem Kinderzimmer meiner Tochter mit der Heimat zu besprechen hatte.

Ach, ich will Sie nicht langweilen.

Natürlich ist lange nix passiert. Dann kamen neue Wohnungseingangstüren (nicht Teil unserer individuell besprochenen Qualitätsoffensive) und mit ihnen ein Rahmen aus blankem Stein, auf den wir – neben fehlenden Fußleisten – wochenlang blicken sollten.

Es wurde also nichts besser, sondern immer schlimmer.

Meistens aber passierte gar nichts.

Es sollte sich herausstellen, dass Werner nicht nur Vermieter vieler Wohnobjekte war, sondern gleichzeitig auch deren Verwalter. Zumindest auf dem Papier.

Ein richtiger Verwalter kostet Geld. Und dass er ebendieses gerne spart, bemerkte ich unter anderem an dem Tag, an dem beim Duschen spontan der Schlauch knapp unterhalb des Brausekopfes platzte. Es war halt das preisgünstigere Modell.

Auch bei uns platzten dann und wann diverse Dinge.

Eher als Ventil, weniger, um ernsthaft etwas zu erreichen, schickte Nikki Mimi immer wieder mal eine WhatsApp, in der sie die Mängel im Baumelhaus auffächerte.

Dabei fiel ihr Blick unweigerlich auf deren WA-Profilbild, und, ja, soziale Netzwerke sind dazu da, Menschen zu demonstrieren, dass das Gras auf der anderen Seite des Zaunes stets grüner ist. Oder, um im (Profil-)Bild zu bleiben: das Bad schöner.

Ernsthaft: Wie kann man die luxuriöse Badewanne zum persönlichen Aushängeschild machen, wenn es dir offenkundig scheißegal ist, dass die ehemaligen zukünftigen engen Freunde auf einer Baustelle mit einem siechen Wackelpott sind!

Dieser Topf sollte nebenbei bemerkt eine ganze Weile unser Profilbild sein. Als Schandmal inmitten jeglicher WhatsApp-Kommunikation zwischen denen und uns prangend.

Als Sinnbild dessen, was die von uns trennt.

Der Favela-Gegenentwurf zu der freistehenden Badewanne, die ihn vom einstigen Pärchenfoto bereits verdrängt hatte.

Sind wir ehrlich: Nicht mehr lange, und bei Facebook wird er der Teil sein, der auf ihrem Profilbild abgeschnitten wurde.

Es war endgültig klar: Wir hauen hier ab, so schnell wir können.

Ich erspare Ihnen die unerfreulichen Details der Wohnungssuche in einer Stadt wie Hamburg? Die Schlangen der Wartenden. Die musternden Blicke. Die persönlichen Eckdaten, die in eine

Selbstauskunft einzutragen sind, auf dass man der cäsarenhaften Daumenbewegung etwaiger Vermieter ausgeliefert ist.

Ich musste vierzig Jahre alt werden, um mich das erste Mal in meinem Leben diskriminiert zu fühlen.

Nur so viel: Als lediger Freiberufler mit Kleinkind und Mitmietinteressentin mit Geburtsort Teheran (ja, so etwas wurde abgefragt) rutschst du in Hamburg-Eppendorf ganz schnell auf die C-Liste.

Wir haben viele Wohnungen gesehen.

Nicht eine war so rasend schlecht und lieblos saniert wie die, aus der wir dringend rauswollten.

Dafür war keine so teuer.

Doch soziale Netzwerke sind nicht nur dazu da, sich täglich von Wildfremden absauen zu lassen. Sie können auch ganz nützlich sein.

In Hamburg schnell eine Wohnung zu finden, ist in der Regel so erfolgverheißend, wie eine erfolgreiche Buchhandlung in Cottbus zu etablieren. Bei Facebook wiederum, dort sind viele Freunde von Freunden, kann das manchmal ganz schnell gehen, und so waren wir wenige Wochen nach der Entscheidung abzuhauen so weit, Werner und Mimi eine Mail mit der fristlosen Kündigung zu schicken.

Gewiss etwas kühn, in Anbetracht der Wohnsituation aber als politisches Signal, als Faust in den Himmel zu verstehen!

We have a dream! Yes, we can! Oder kurz: Macht's gut, ihr Idioten.

Eine Antwort kam keine.

Wenige Tage später kam «mein René» mit seinen Muselmanen, und nach weniger als drei Monaten hieß es wieder mal: Umzug.

Irgendwo zwischen Teppich Nummer 3 und Stuhl Nummer 12 kam dann tatsächlich auch mal Mimi vorbei. Mit all dem schauspielerischen Talent, das sie bereits in die Position der «Zugekauften» befördert hatte, gab sie uns ihr ehrliches Bedauern über unseren Umzug zu verstehen, dass Werner das auch sehr leidtue, dass das alles doch sehr plötzlich sei, sie grundsätzlich eh mit all dem nichts zu tun habe (was sich natürlich ausschließlich auf den Erwerb des Geldes bezieht, weniger um das Ausgeben desselbigen) und, ganz nebenbei, dass «Werner ja Anwalt» sei.

Soso.

Na ja. Tschüs. Schönes Leben noch.

Fehlte eigentlich nur noch die offizielle Übergabe. Die nach mehrmaligen SMS und WhatsApp unsererseits dann auch erfolgen sollte.

Nächsten Montag. 18 Uhr. Im Baumelhaus.

Ob es wohl enden würde wie die finale Szene in «Reservoir Dogs», in der sich alle in der Lagerhalle gegenüberstehen?

Muss ich meinen schwarzen Anzug anziehen?

Wahrlich keine schöne Perspektive.

Ich hasse Konflikte, oder sagen wir mal: Ich scheue den offen ausgetragenen Konflikt.

Es ist mir zuwider. Logisch, ich habe berufsbedingt auch die schöne Freiheit, anderen hinterrücks ans Bein zu pissen (wofür dieser Text ein recht schöner Beleg sein dürfte).

Wer mag das schon.

Nur: Es gibt Situationen, denen kann man schwerlich aus dem Wege gehen. Überdies hatte ich mich in der Causa Baumelhaus Nikki gegenüber bislang wenig heldenhaft erwiesen.

Jetzt war es an mir, den Alpha-Rüden zu geben und ihr die Kapitänsbinde abzunehmen.

Ich glaube da an ganz archaische Prozesse. Dass es der Beziehungshygiene sehr zuträglich ist, dass die Frau vom Mann erwarten kann, dass er die Dinge im Griff hat.

Altmodisch? Vielleicht. Die Evolution ist auch altmodisch.

Werner scheint ebenfalls nicht der Typ für Konflikte zu sein. Es war bereits schwer genug, ihn zu diesem Treffen zu kriegen. Womöglich hat er die Dinge auch grundsätzlich nicht im Griff.

Werde ich Manns genug sein, all das, was uns wichtig ist, vorzubringen? Knicke ich ein? Ist der Drang, allen zu gefallen, stärker, als sich dagegen zu wehren, verarscht zu werden?

Wir würden bald schlauer sein.

Einen Fehler allerdings hatte Werner bereits im Vorfeld gemacht. Also, zumindest einen unseren Showdown betreffend. In der Antwort-SMS ließ er uns wissen, dass er von unserer Entscheidung, aber auch uns selbst «persönlich sehr enttäuscht» sei.

Clever war das nicht.

Es sollte schnell zum Bumerang werden.

Kaum in dem kahlen Raum, der mal unser Wohnzimmer war, angekommen, ließ er schnell erkennen, dass er all seinen Mut zusammengenommen hatte. Für einen Moment wirkte er fast so, als sei der Rücken gerade. Auch die stets sehr freundliche Miene ließ Spuren von Kampfgeist erkennen. Ich war fast stolz auf ihn.

Meiner Eröffnung «Sag mal bitte, Werner, wieso genau bist du enttäuscht von uns?» hatte er lediglich noch ein kurzes «Weil ihr mir nicht die Chance gegeben habt, das hier in Ordnung zu bringen» zu erwidern.

Die nächsten dreißig Minuten hatte er nur wenig Redeanteil. Meine ganze Verteidigungslinie fußte auf dem Satz, dass er von uns persönlich enttäuscht sei.

«Denn, wenn man doch persönlich so enttäuscht ist, dann ist man wohl so etwas wie befreundet, nicht wahr? Dann frage ich dich, Werner, wie lange würdest du Freunden von dir diesen Anblick (der Rahmen aus blankem Stein) zumuten?»

Würde er Freunden einen unter fehlendem Zement knirschenden Toilettentopf zumuten?

Ist es für ihn und seine Frau okay, dass wir permanent auf zehnfach mit Tipp-Ex übermalte Türen blicken, die sich nicht schließen lassen?

Sollten Freunde nicht dauerhaft warmes Wasser und Heizung haben?

Ist es okay, dass Freunde für eine teure Wohnung zahlen, in der Steckdosen fehlen, nicht funktionieren und der Holzboden nicht ordentlich versiegelt ist?

Sollten Freunde ... es folgten noch viele Missstände, die Werner uns als sympathischen Altbaucharme zu verkaufen versuchte, aber an diesem Tag hatte er keine Chance.

Heute war Pearl Harbor. Und er kam mit einem Buttermesser.

Holy Fuck. Ich hätte nie geglaubt, dass das so einen Spaß machen würde. Aber wie bei allen Dingen, bei denen man über die innere Sperre hinauskommt, kommt ein regelrechter Schub.

Ich redete und redete und redete, als wäre die Wohnung ein Gerichtssaal und die Schlüsselszene das Ende einer John-Grisham-Verfilmung. Jeden Moment würde Werner zugeben, dass er den Code Red befohlen hatte, so schien es. Stattdessen sackte er merklich in sich zusammen. Den Höhepunkt bildete mein fast schon dreistes Ihn-mit-der-Nase-Draufstoßen, dass er ja Anwalt sei und gewiss auf die zwei noch fehlenden Monatsmieten pochen könne. «Doch hier geht es nicht um Recht – hier geht es um Anstand!»

Kleiner hatte ich es nicht.

«Willst du das? Willst du noch zwei Monate Miete hierfür kassieren?!»

Es kam: nichts.

«Okay, dann geben wir uns jetzt die Hand und sagen: Hat nicht funktioniert.»

Und so geschah es. Schönen Urlaub gewünscht und Good Riddance.

Und raus waren wir.

Unglaublich, wie gut das tut.

Ausnahmsweise mal auf Beliebtheit zu verzichten, doch mal den Weg des größtmöglichen Widerstandes gehen, anstatt die zwei Monatsmieten zu zahlen und sich dankbar lächelnd verarschen zu lassen, dafür aber der nice guy zu bleiben.

Nee. War gut so. Vor allem für die Beziehung.

Für Nikki war ich an dem Abend der Held.

Oder zumindest der weiße Johnny Cochran, der uns aus der Wohnung herausgelabert hat wie aus einem zu engen Handschuh.

Man muss ja auch die Abwägung machen, mit wem man sich besser verstehen will:

Will ich für meinen Vermieter ein Arsch sein – oder der Trottel für meine Frau?

Andererseits: Meine Frau ist Flugbegleiterin.

Die Wahrscheinlichkeit, dass ich ihn häufiger sehe als sie, ist ziemlich hoch.

Wurscht.

Ich sitze in einer Wohnung, in der die Heizung funktioniert, die Türen schließen – und da ich ca. zwei Kilometer von der alten Wohnung entfernt wohne, höre ich nicht einmal mehr das Gebell des Yak-Rindes unter mir.

Ich hoffe nur, Susi findet irgendwann Mitstreiter für die große Revolution.

Halte durch, Susi.

Halte durch.

Epilog

Die Kaution wurde natürlich nicht so bald zurückgezahlt. In mehreren WhatsApp-Gruppen, die wir schneller gründeten, als Mimi sie wieder verlassen konnte, pochten wir darauf, uns endlich das Geld zu überweisen. Wir warteten eine ganze Weile, bis er in einer Mail von den Verlusten berichtete, die unser überraschender Auszug und die umfangreichen Sanierungsaufträge in unserem Sinne kosten würden. Diese Aussagen fand ich deutlich phantasievoller als die Arbeiten an unserer ehemaligen Wohnung.

Diese Gedanken hätte er allerdings auch bereits in dem Moment äußern können, als wir uns im Baumelhaus gegenüberstanden. Aber offensichtlich sind auch seine Cojones wie der Rest der Hütte ein akuter Sanierungsfall.

Wie dieser Mann vor Gericht die Interessen irgendeiner Person vertreten soll – ein Rätsel.

Letztlich kam es so, wie es kommen musste: Die Summe der zwei Monatsmieten wurde uns von der Kaution abgezogen und der Rest überwiesen. Wer hat schon die Nerven oder die Lust, sich darüber noch gerichtlich zu streiten.

«Choose your battles», sagt man in diesem Falle oft und gern.

Man muss wissen, welcher Kampf lohnt.

Man sollte sich allerdings auch als (Ex-)Vermieter überlegen, ob es gerechtfertigt ist, sich für eine Handvoll Euro mit einer Dreckschleuder wie seinem ehemaligen Mieter anzulegen und diesen Scheiß hier über sich lesen zu müssen.

Helm-Beisi Kult Promi Original!

Vor wenigen Tagen ereilte die Stadt Hamburg ein schlimmer Schlag.

Nein, nicht dass Sie denken, eine akute Steppjackenknappheit bedrohe die Hansestadt.

Ganz so verheerend war es nicht.

Eine lokal sehr beliebte Postille berichtete darüber, dass der – Zitat – «Promi-Inder schließen muss».

Da stellt sich natürlich die Frage, was genau ein Promi-Inder ist.

Allein in Indien leben rund 1,3 Milliarden Inder, da muss man sich schon ein wenig bemühen, um herauszuragen. Deutschland beherbergt an die 50 000, davon entfallen ca. 3000 auf die Alstermetropole, sodass der Performance-Druck schon etwas geringer wird. Das Präfix «Promi» stammt offenbar daher, dass er in seinem Restaurant regelmäßig Prominente, aber z. B. auch Carsten Spengemann verpflegte.

Was wiederum erklärt, weshalb der Laden schließen musste.

Die Vorsilbe «Promi» hat in den 2000ern einen beispiellosen Siegeszug angetreten, Boulevardblätter oder Shows aller möglichen Sender wären heutzutage ohne undenkbar.

Von der großen «Promi-Beschneidung mit Jörg Pilawa» bis hin zum «Promi-U-Bahn-Treten der Stars» ist eigentlich nix ausgeschlossen.

Die Demarkationslinie, wo Prominenz endet, verläuft übrigens immer droht, wo Helena Fürst sich gerade aufhält. Eine Nachmittagsprogramm-Diva, die von RTL systematisch zur Kratzbaum-

prominenz aufgepäppelt wurde und die intellektuelle Lücke, die Naddel nach der Frührente gerissen hat, lässig zu füllen vermag.

Wer es nicht zum Promi geschafft hat, der kann immer noch mühelos «Kult» sein.

Wer Kult ist, steht relativ selten auf roten Teppichen oder vor Sponsorenwänden, z. B. bei der River Cola Allstars-Night oder dem Sommerfest des «TV-Maklers» (ein Makler, der im TV zu sehen ist).

Wer Kult ist, tut sich schwer mit Anzügen (sofern sie nicht aus Ballonseide sind) und würde selbst dort, wo beispielsweise ein Silva Gonzalez medienwirksam gut drauf ist, noch irgendwie befremden.

«Helm-Peter» Dietz ist so einer. Anfang 70, strammer HSV-Fan und sogenannter Trainingskiebitz. Soll heißen, er ist immer dort zugegen, wo irgendeine Mannschaft des Hamburger Sport-Vereins gerade trainiert. A-Mannschaft, U-21, U-19, U-13, ja, angeblich soll er schon in Kreißsälen gesichtet worden sein, um den schenkelwarmen Nachwuchs eines frisch ervaterten Rautekickers aus dem «Spielertunnel» (verzeihen Sie) zu peitschen.

Dieser Mann ist ein Faktotum, ein Maskottchen im Menschengewand.

Gegen Peter Dietz ist der durchschnittliche Schalke-Anhänger ein Phlegmatiker im feinen Zwirn, ergo ist er «Kult-Fan». Und weil er den Helm, den er auch Stunden nach dem Absteigen von seinem Elektrofahrrad nie abnimmt, so konsequent weiter trägt, heißt er im Volksmund nicht nur «Helm-Peter», sondern «Helm-Peter Kult-Fan».

Die Sympathiewerte sind im Übrigen dermaßen hoch, dass Andrea Nahles vielleicht darüber nachdenken sollte, Wahlkampfveranstaltungen der SPD künftig als behelmter Zaungast zu besuchen, um als «Helm-Nahli Kult-Sozi» das Feld von ganz hinten aufzurollen. In Anbetracht der aktuellen Umfragewerte eine nicht mehr so abwegige Idee.

Noch mal einen unter Kult ist das «Original». Wer ein Original ist, ist in die normalzivile Gesellschaft im Grunde genommen gar nicht mehr einzugliedern.

So gibt es «Ruhrgebiets-Originale», die eigentlich nichts anderes machen, als bei Bratwurst und Senf auf einem Campingplatz in Hamm in ein Regionalmagazinsmikrophon zu rülpsen oder als Kölsches Original zwischen dem siebten und achtzehnten Kölsch in schlaganfallverdächtigem Singsang einem Ziegenbock die Gesamtverantwortung für die Geschicke der Domstadt durch den architektonisch interessanten Schnäuzer hindurch zu übertragen.

Die oben bereits kurz erwähnte Nadja Abd el Farrag hat es unlängst sogar schon zum «Promi Original» gebracht, was vermutlich dem Umstand geschuldet ist, dass es keinem Redakteur mehr möglich war, ihr auch nur das geringste Spurenelement von Beruf zu unterstellen.

Wo genau kamen diese Spitznamen eigentlich her?

Vermutlich da, wo manch einer sich noch was ganz anderes geholt hat als ein neues Image: der Kiez.

Irgendwann in den Jahren nach Toiletten-Thommy, Inkasso-Henry und der Nutella-Bande muss sich ein Geist verbreitet haben, dass es in unserer hektischen Zeit schnell gehen muss und niemand Lust auf lange Erklärungen hat, um wen es sich da jetzt gerade wieder handelt.

So wurde der Name zu einer Art Wikipedia-Artikel, und diese Neologismen wurden längst Teil unseres Sprachgebrauchs:

Wer erinnert sich nicht an «Lotto-Lothar», «Franzi van Speck» oder «Turbo-Rolf», diesen fahrerisch etwas unbegabten Mercedes-Mitarbeiter, den man bitte nicht mit «Florida-Rolf» verwechselt.

Es wären tolle Jahre Schumi II und Schumi I, der zwischenzeitlich auch unter «Schummel-Schumi» firmierte, was zwar unschön war, aber längst nicht so nachhaltig wie die Baisse von Boris Becker, den man in den nächsten Jahrzehnten nur noch als «Pleite-Boris» kennen dürfte. Es sei denn natürlich, er befreit sich mit der Teilnahme an ca. 17 Dschungelcamps aus dem gröbsten finanziellen Schlamassel.

Dass die Vorsilbe «Pleite» jetzt einfach so an eine Einzelperson vergeben wurde, mag die Griechen erleichtern, die bis dato singulär für Misswirtschaft standen, während Begriffe wie «Suff-Briten» oder «Gaga-Türken» streng genommen Tautologie sind, machen wir uns nichts vor.

Warum ich Ihnen all das erzähle?

Es geht hier schlicht um Schmerzabbau. Immerhin firmiere ich in Print- und Bewegtbilderzeugnissen entweder unter «Dschungelautor», «Bürgermeisterneffe» oder – ja, auch das gab es schon – «Ruhrpott-Original».

Promi-Inder werde ich in diesem Leben nicht mehr werden.

Falls Sie einen Vorschlag für ein nachhaltiges Attribut haben – nur her damit.

Bis dahin werde ich mich ein paarmal auf der A1 blitzen lassen, um bis Ende September mein Power-Image zu zementieren.

Herzlichst,
Ihr Turbo-Beisi

Je suis moi

Es ist alles ganz fürchterlich. Und doch irgendwie alles wie immer. An dieser Stelle könnte ein schäumender Text stehen.

Darüber, wie Medien jeden Kardinalfehler machen, jede Schamgrenze überschreiten, jeden Klick-Köder auslegen, um aus dem Terror ein Geschäft zu machen, und nebenbei Glorifizierungsanreize schaffen, neue Selbstmordattentäter zu einem letzten Karriere-Highlight als Seite-1-Boy zu animieren.

Aber mit der gleichen Abstumpfung, mit der ich die sich häufenden Terrormeldungen mittlerweile registriere, nehme ich auch die üblichen Reflexe zur Kenntnis.

Wut über den Terror, Wut über die Medien, Wut über die Wut.

Rede, Gegenrede, Gegenredengegengerede, Kommentarleistenkakophonie.

Es macht mich zusehends müde.

Ich ermüde mich sogar selbst.

Nur noch selten gerate ich in Wallung.

Das geschieht allenfalls, wenn z. B. jemand wie Schauspielerinnendarstellerin Veronica Ferres die Gunst der Stunde nutzt, um via Twitter ihre tiefe Betroffenheit kundzutun.

«An einem Tag wie diesem müssen wir noch mehr Liebe geben und mehr zusammenhalten. Meine Gedanken sind bei den Angehörigen. #standtogether»

So weit, so pilchernd. Garniert wird die Botschaft allerdings mit einem ca. achtfach gephotoshopten Selfie, sodass es einen förmlich anbrüllt:

Hey, Leute, klar. Manchester ist schlimm. Aber guckt mal! Ein schönes Foto von mir!

Der Terror hat viele Gesichter.

Getoppt wird das Ganze nur von einer Sängerin, deren Hirn sich offensichtlich noch nicht von den «Wer ist Dave Gahan?»-Teufelsquizfragen bei «Schlag den Star» erholt hat.

Gleiches Prinzip: schönes Foto von sich selbst, romantisch am Hibiskus schnuppernd und verträumt in die Gegend guckend, gepaart mit ein paar Worten der Anteilnahme und – Obacht! – Danksagungen für die netten Geburtstagswünsche.

Oh, grausamer Supertanker Eitelkeit.

Brächte sie doch zumindest ein paar Instagramm Würde auf die Waage.

Beispiele radikalsten Narzissmus.

Und doch im Kern nicht so weit entfernt von dem, wie wir selber mit den Horrormeldungen umgehen.

Springen wir doch alle auf die eine oder andere Art auf das Ego-Karussell auf.

Jeder befriedigt seine Eitelkeit.

Jeder gibt zu Protokoll, wie fassungslos er oder sie ist.

Jeder fühlt sich genötigt, mitzuteilen, wie schlimm er diese Scheißterroristen findet, während der Nächste die noch viel, viel beschissener findet, wirft dabei den #Hashtag aus.

Wieder andere, so wie nicht selten auch ich, verspüren den Drang, grenzbundespräsidiale Reden ans Facebook-Volk zu halten, von Liebe und Respekt zu predigen und davon, was jetzt zu tun sei.

Erbauliche Zeilen, die am Ende doch eigentlich nur dem ein gutes Gefühl geben, bei dem die Daumen einlaufen.

Gibt es irgendwelche schönen Gebäude in Manchester, damit ich schnell ein Logo basteln kann?

Je suis moi.

Ein ranziger Kuchen, von dem dennoch jeder was abhaben will.

Ein Gefühl, das mit sehr vertraut ist.

Auch mir ist es nicht gelungen, mich zurückzuhalten.

Natürlich nicht. Sonst droht meine Senftube zu platzen, so scheint es.

Wichtig für mich, öffentlichkeitswirksam von meinen Empfindungen berichten.

Nicht ohne dann und wann auf die Anteilnahme der anderen zu schielen.

Selbst, wenn es ein ehrliches Empfinden ist.

Muss ich das posten?

Kann ich dieses Gefühl nicht einfach – nun ja – für mich behalten?

Können wir das überhaupt noch?

Ist das Rauschen in der Echokammer so wichtig geworden, dass uns jedes Ereignis gelegen kommt, noch mal «Huhu, ich bin auch noch da!» zu rufen?

Scheint so.

Ich krieg es nicht hin.

Terror. Wahlen. Tatort.

Schlussendlich bleibt die Erkenntnis:

Social Media ist wie ein Baum, an den jeder pisst.

Schafft persönliche Erleichterung, trägt zur gesellschaftlichen Entwicklung nur nichts bei.

Und morgen ist ein neuer (Hash-)Tag.

4 gewinnt

Wer an seinem Geburtstag allein bei 18 Grad und Nieselregen in Bochum aufwacht, obwohl man noch Stunden vorher in Palma war, zieht nicht zwingend ein euphorisches Zwischenfazit seines Lebens.

Der Mittwoch ist ein Werktag. Und er kann auch nix dafür, dass ich heute Geburtstag habe. Auch noch der Vierzigste.

Ohnehin zieht dieser Tag mit einer fast aufdringlichen Normalität dahin.

Ein Phänomen, das mich schon damals mit 18 gestört hat.

Morbus Silvester. Du begegnest dem Datum mit größtmöglicher Gelassenheit – und bist dann doch heimlich enttäuscht, wenn nix Besonderes geschieht.

Nicht mal eine Meldung in der Tagesschau, die man geschmeichelt abwinken könnte.

Vierzig. Als meine Freunde Björn, Marc und Co. vor fünf Jahren so alt wurden, war ich noch erstaunt. Wahnsinn. So junge Typen. Und dann so alt.

Ich hatte fünf Jahre Zeit, mich in diesen Zustand hineinzuleben, und bin gefühlt schon seit zwei Jahren dort. Genau wie ich jetzt auch noch zwei Jahre hier bleiben werde.

Davon ab sah ich schon seit Jahren so alt aus, wie ich jetzt bin.

Man könnte also sagen: Mein Personalausweis hat mein Gesicht jetzt endlich eingeholt.

Vielleicht ist der Umstand, dass man Vorsorgeuntersuchungen heutzutage nicht mehr zwingend mit dem Finger, sondern mit einem Ultraschallgerät erledigen kann, schon das Positivste, das ich über diesen Geburtstag sagen kann.

Das Ehrlichste ist, dass meine Laune nach dem Wachwerden bereits im Keller ist, weil dieser Schaum, den ich mir zur Erhaltung des Haupthaares immer auf die Rübe schmiere, irgendwo liegt, wo ich ihn vergessen habe und mir jetzt spontane Vollverglatzung droht. Glaub ich.

40. Seien Sie live dabei beim Rückbau Ihres Körpers!

Vielleicht schwänze ich auch einfach meinen Termin und setze mich direkt in die «Hopfendolde», die Pinte gegenüber vom Hauptbahnhof, und betrinke mich.

Ich befürchte nur, das haben die Stammgäste dort alle so gemacht und sind dort einfach nie mehr wieder rausgekommen.

Außerdem habe ich morgen um neun schon wieder einen Termin in Köln, weshalb ich wohl um sieben aufstehen muss.

Ein «Feier schön!» seitens des Terminstiftenden kann ich also nur als Hohn begreifen.

Was für ein ausgesprochener Scheißgeburtstag.

Ich mein, für 'nen normalen Mittwoch ist es 'ne 2 –.

Für 'nen runden Geburtstag … komm, lassen wir das.

40.

Was spätestens mit dem Umklappen von der 3 auf die 4 weg ist, ist dieser Jugendlichkeitsnimbus. Wenn ich mit 13 bereits Sympathien für Eric Clapton oder Peter Gabriel äußerte, erntete ich zumeist Anerkennung für musikalische Frühreife. Heute guckt man mich an, als sei ich mit denen zur Schule gegangen.

Auch das Lob, im jungen Alter von, sagen wir mal, 22 schon so kluge Dinge zu sagen, werde ich vermissen. Wird ohnehin immer schwieriger, kluge Dinge zu sagen. Ich weiß, wie kluge Dinge klingen. Bei mir hört sich das oft anders an.

Ich bin zu alt, um noch als Wunderkind durchzugehen.

Anerkennung ernte ich derzeit noch für eine stabile Physis.

«Oh, du bist aber fit – für dein Alter.»

Mal abwarten, bis Aufwand und Ertrag da auch in keinem gesunden Verhältnis mehr stehen.

Mein Freund Oli wird 50. Mein Freund Skippy geht stramm auf die 60 zu.

Ich werde mir die beiden künftig genauer anschauen. So wie die Geister der Zukunft bei Dickens' Weihnachtsgeschichte.

Wann beginnt die Transformation zum Altherrenkörper?

Wann ist man nicht mehr, nun ja, fuckable?

Bis vor kurzem hab ich Fotos, auf denen ich müde aussah, noch auf dem Smartphone gelöscht, nur um jetzt festzustellen:

Das bin ich. So seh ich aus. Immer.

Zumindest bis jetzt macht der Körper noch keine Kapitulationsanstalten.

Wobei, was red ich.

Immer häufiger gucke ich beim Fußballspielen auf die Uhr, wie lange ich noch muss.

Das wäre mir früher gewiss nie passiert.

Mal ganz davon abgesehen, dass die Anzahl der schlechten Spiele signifikant steigt.

Wenig verwunderlich – sind die meisten Mitspieler im Schnitt 21.

Könnten also nicht nur rein biologisch meine Söhne sein.

Netterweise lassen sie mich noch mitspielen.

Gut, ich hab ja auch den Schlüssel für den Platz.

Mit Mitte 20 war ich Wellenreiten und damals schon der Älteste im Surfcamp.

Stand jetzt dürfte ich altersbedingt nicht einmal mehr dort einen Kurs machen.

Würde es aber wohl auch nicht wollen.

Ich gehe ja auch schon seit längerem nicht mehr in Clubs. Es ist ja nicht so, dass der jugendliche Ungestüm der Besucher auf einen selbst abstrahlt.

Man fühlt sich schlicht wie ein Zivilfahnder.

Hab ich was verpasst? Muss ich eine Bucket List anlegen?

Bungee springen?

Motorrad fahren?

Klavier spielen?

Eine Kampfsportart lernen?

Spanischkurs?

Mehr lesen wäre gut.

Mehr reisen sinnvoll.

Ich kann so wenig. Zumindest wenig richtig gut. Ein Generalist der Mittelmäßigkeit.

Soll ich mich tätowieren?

Wenigstens ein Longboard kaufen und in kurzen Hosen mit Cro auf dem Ohr durch die Schanze cruisen?

Muss ich die Snoopy-Caps wegschmeißen?

Ich trage Mützen wie ein 14-Jähriger, aber knibble die Aufkleber vom Schild, weil DAS ja albern aussieht.

Nun denn ...

Ist es zu spät für den neuen Selbstentwurf?

Mit neuem Logo noch mal Gas geben?

Und warum überhaupt?

Willst du dich alt fühlen?

Googel mal, wie Krist Novoselić, der Bassist von Nirvana, heute aussieht.

Take That sehen auch schon langsam aus wie die Flippers.

Versuch mal, deine persönlichen Daten im Internet einzugeben, und beobachte mal, wie lange es dauert, weiterzuscrollen, bis dein Geburtsjahr angezeigt wird.

Und ja, Menschen, deren Autokennzeichen auf «99» enden, dürfen ein Kfz bewegen.

40 ist ein geiles Alter. Ernsthaft. Du hast dieselbe Scheiße im Kopf wie mit 20.

Aber deutlich mehr Geld, sie auch umzusetzen.

Andererseits hat sich auch schon eine Menge Besitz angehäuft, der in irgendeiner Form bewirtschaftet werden will.

Besitz? Ballast?

Brauche ich einen Psychiater?

So, um aufzuräumen.

Was ist, wenn der mir hilft, zu mir selbst zu finden – und es mir am Ende dort gar nicht gefällt?

Klingt ja ganz schön, Mauern einzureißen.

Was aber, wenn es eine tragende Wand war.

Reicht es nicht, sich mit sich anzufreunden?

Wie ein etwas sonderbarer Beifahrer, dessen Anwesenheit aber recht erträglich ist.

Man hat es miteinander bislang ja schon ganz gut ausgehalten.

Warum bohren?

Mir geht es doch gut. Meistens.

Das Leben besteht ohnehin nur aus Projektion und Ablenkung.

Netflix your life.

Und es sind doch eh nur noch mal vierzig Jahre.

Nehme ich an. Kann aber auch gut sein, dass das letzte Lebensachtel bereits eingeläutet ist – und ich mache mir was vor.

Allein in diesem Jahr habe ich eine ganze Handvoll Gleichaltriger erlebt, die von Zukunftsängsten nicht mehr behelligt werden.

Teilweise freiwillig. Häufiger aber auch nicht.

Traurig ist beides.

Letztens habe ich wegen einer Nagelbettentzündung Antibiotika genommen.

Wäre mir mit dreißig gewiss nicht eingefallen.

Jetzt aber scheint mir eine Herzmuskelentzündung wegen einer solchen Lappalie nicht mehr gänzlich unrealistisch.

Ich wäre beileibe nicht der Erste, der sich mit vierzig verabschiedet.

40. Kassensturz.

Vieles war großartig. Manches dumm. Weniges richtig scheiße.

Glaube ich, dass die Zukunft gut wird?

Aber ja doch.

Und doch muss der geschichtsbucheintragsfreudige Narzisst in mir feststellen:

Der Spielraum für Großtaten wird langsam kleiner.

Macron ist mit 39 französischer Präsident geworden.

Buffon erneut ins Champions-League-Finale eingezogen.

Ich wiederum habe gerade mit einem Scheuerschwamm erfolgreich eine verkrustete Pfanne freigerubbelt.

Immerhin.

Precht musste mit 39 annehmen, sein Auftritt bei Jauchs «Wer wird Millionär» würde DAS Highlight seines Lebens bleiben. Es kam anders. Irgendwie.

Martin Suter hat erst mit Ende 40 angefangen, Bücher zu schreiben.

Brad Pitt hat mit 55 noch ein Sixpack.

Der Silberstreif ist nicht nur an der Schläfe, sondern auch am Horizont.

Ich glaube, dass das Leben noch richtig geil wird.

Aber stimmt das?

Vielleicht habe ich den Zenit bereits überschritten – und keiner hat's mir gesagt.

Helmut Kohl ist tot.

Gottschalk eröffnet jetzt Möbelhäuser.

Der Typ von Jamiroquai hat 'nen Bandscheibenvorfall.

Ich mache Dinge, für die ich mich vor zwanzig Jahren ausgelacht hätte.

Ich gehe nicht gern auf Partys, sondern essen.

Ich stehe gerne früh auf und freue mich auf den ersten Espresso des Tages.

Ich denke an Altersvorsorge.

Und Markus Lanz beginnt um 23 Uhr 15.

Gerade ist nichts Großes geplant.

Und das ist eigentlich das beste Zeichen von allen.

«Niedergelassen» – wie kann etwas reizvoll erscheinen, das schon mit «nieder» beginnt.

Vor kurzem war ich beim zwanzigjährigen Abitreffen.

Einige wirkten geradezu alterslos. Als seien sie in so einer Cryo-Box eingefroren und pünktlich zum Begrüßungssekt aufgetaut worden.

Die zwei Dekaden sah man ihnen nicht im Geringsten an.

Matthias, Tino, Esther.

Bin ich einer von denen – oder einer von denen?

Nicht leicht, einzuordnen, auf welcher Seite der Alterung ich denn jetzt gerade stehe.

So wie die Typen bei Frauentausch, die erst bei der Ankunft vor der Villa erkennen, dass sie in dieser Ausgabe die Asis sind.

Andererseits: Wenn aus einer gealterten Hülle auch in 30 Jahren noch der kleine Junge hervorblitzt, dann ist das schon in Ordnung.

Eine jugendliche Seele kann man sich nicht zusammenbotoxen.

Gott, jetzt klinge ich schon wie Körzdörfer von der *Bild*.

Wahrscheinlich Autosuggestion oder so was.

Was sehr hilft: Ich hatte eine glückliche Kindheit. Bis heute.

Die Familie ist vollzählig. Alle fit und gesund. Das zählt.

Alles richtig gemacht?

Bestimmt nicht. Aber man bleibt ja immer Lehrling.

Gedanken eines Wohlstandsgebeutelten aus Mitteleuropa.

Ich freu mich auf das, was kommt.

Das Leben ist schön.

Vor allem für den, der noch mitmachen darf.

Auf die nächsten vierzig.

Und mehr lange Hosen ab jetzt.

Zum Tode Peter Lustigs...

SORRY, ABER DAS KANN SELBST ICH NICHT ERKLÄREN...

Weihnachtsmarkt

15 Uhr 30: Anpfiff in Bochum. Die Mannschaft der Bochumer Stadtwerke tritt geschlossen an, um doch noch die gesteckten Saison-
ziele zu erreichen. Nachdem auf der Weihnachtsfeier vor ein paar
Tagen wichtige Punkte bzw. Praktikantinnen liegen gelassen wurden, ist das die letzte Chance für Rolf Schnier und seine Jungs.

16 Uhr 10: Wir schalten zum romantischen Weihnachtsmarkt am
Regensburger Fürstenschloss. Stürmischer Auftakt der Hausher-
rin Gloria von Thurn und Taxis, zuletzt dreimal hintereinander zu
Deutschlands beliebtester Geisteskranker gewählt. Auf dem Prunk-
balkon im Innenhof des Schlosses singt sie Weihnachtsklassiker
mit Unterstützung Regensburger Rockmusiker. Zwei zufällig vor-
beischauende IS-Aktivisten machen auf dem Schlappen kehrt und
sehen entsetzt von einem Anschlag ab.

16 Uhr 15: Weihnachtsmarkt Dortmund. Man spielt in ungewöhn-
licher Heimkluft. Passend zum Wetter haben viele Besucher auf ein
traditionelles Weihnachtstrikot verzichtet. Stattdessen präsentieren sich gerade viele männliche Besucher in auf Hot-Pants-Länge
abgeschnittenen Jeans und Crocs mit Darth-Vader-Logo. Dieser
offensive Stil gefällt. Schon bald kommt es hinter der Bratwurst-
bude zu ersten Tätlichkeiten.

16 Uhr 32: Bochum, Innenstadt. Am Spielfeldrand, in einem hoch-
preisigen Modegeschäft, schlägt ein spektakulärer Transfer voll

ein: Für diesen Nachmittag gebucht, steht ein DJ mitten im Store an den Turntables. Zwischen Ugg Boots und Kaschmirpullovern begeistert er das Publikum mit dem Indie-Hit «Last Christmas», nur um mit «Driving Home for Christmas» den nächsten Geheimtipp nachzulegen. Ja, es sind diese seltenen Importscheiben aus Übersee, die belegen, dass es richtig war, eine derart hohe Ablösesumme für DJ Trüffelschwein zu zahlen.

17 Uhr 48: Rudelbildung in Leipzig. Unweit des «Nusskönigs» formiert sich eine Gruppe Pegida-Anhänger, um einen Weihnachtsbaumhändler unter Druck zu setzen. Nachdem ein Artikel von Focus Online den Verdacht nahegelegt hatte, dass der Weihnachtsbaum aus Rücksicht auf die religiösen Gefühle muslimischer Mitbürger ab sofort Nordmanntanne zu heißen habe, sind die Männer außer sich und fangen an, die jungfräulichen Tannen mit Lametta und Strohsternen zu bewerfen. Circa 30 Meter entfernt verteilt Frauke Petry mit ihrem neuen Lebensgefährten Flugblätter mit Wohnungsgesuchen an Bürger, Schausteller sowie wehrlose Panflötisten.

18 Uhr 02: Choooooooooooor in Wolfsburg! Chor in Wolfsburg! Zurück nach Bochum.

18 Uhr 07: Bochum. Die Offensive der Elf der Bochumer Stadtwerke überzeugt. Jeweils die vierte Tasse Glühwein wandert Richtung Blutbahn. Die geschlossene Mannschaftsleistung begeistert eine Gruppe junger Frauen, die ihren Junggesellinnenabschied in der großen Weihnachtspyramide der Sparkasse zelebrieren. Nach feuchtfröhlichem Gruppenpiercing hält man sich am «heißen Hugo» schadlos. Die Wintervariante des in der Provinz ungebrochen beliebten Synapsenverharzers.

18 Uhr 40: Hamburg, Weihnachtsmarkt Mönckebergstraße. Eine junge Frau, ca. 19, 120 Kilo Abtropfgewicht in Primark-Leggings mit

Ozelot-Print, quasi aus purem, ungefiltertem RTL II bestehend, zieht ihren dreijährigen Nachwuchs hinter sich her. Die faulige Leibesfrucht schreit und schlägt der Mutter pausenlos mit einem Bratapfel gegen die Kniescheibe. Die Frau verliert nach kurzer Zeit die Fassung und droht dem Bengel damit, seinen Vater zu holen. Die Drohung zielt ins Leere. Der kleine Speckegel weiß natürlich, dass es seiner Mutter nur mit einer bundesweiten Rasterfahndung gelingen dürfte, den Kreis der möglichen Erzeuger zumindest auf die wahrscheinlichsten tausend zu begrenzen. Er macht umso vehementer weiter.

18 Uhr 42: Hamburg spielt wieder international. Direkt vor dem Rathausmarkt singt ein Quintett von Donkonsaken russische Weisen sowie beliebte Hits von David Guetta.

19 Uhr: Berlin. Volles Haus zum Anpfiff des veganen Krippenspiels im Prenzlauer Berg.

19 Uhr 10: München. Marienplatz. Einwechslung von Cathy Hummels, the Artist Formerly Known as Cathy Fischer. Sie ist Repräsentantin und Stareinkauf der Weihnachtshütte von Vapiano. Vor aufgepeitschten Fans verzehrt sie eine Canelloni, die ihr wie durch ein Wunder unten direkt aus dem Minirock fällt. Offenbar hat der Körper die Nudel abgestoßen. Augenzeugen werden später sagen, es sei gewesen, als habe man die Teigware direkt durch ein 4oer-HT-Rohr fallen lassen.

19 Uhr 12: Bochum. Die Fans toben! DJ Perlentaucher spielt im Modegeschäft «Do They Know It's Christmas». In der Campino-Version. Derweilen schwelt im Adventsrondell dieses unvergleichliche weihnachtlich-festliche Odeur von Anis, Zimt und Altherrenbierfurz. Ein Unique Smelling Point im gesamten Raum NRW.

19 Uhr 46: Tumultartige Szenen in Paderborn! Auf dem Mittelaltermarkt schnappen sich ein paar übereifrige Informatiker in Lumpen die rothaarige Freundin eines Besuchers, um sie auf dem Holzkohlegrill des Kartoffel-Lords als Hexe zu verbrennen. Erst das beherzte Eingreifen Claudia Effenbergs, die zur Rettung der jungen Frau ihr Fass mit den Salzgurken verlässt, kann schlimmeres verhindern.

20 Uhr 12: Regensburg. Wir melden uns vom Abgrund. Gloria von Thurn und Taxis geht in die Schlussoffensive. Enthemmt schmettert sie auf der Empore beliebte Gassenhauer wie «Der Schwarze schnackselt gern!», «Diese Völkerwanderung ist Krieg» oder die Schunkelhymne «Abtreibung ist Mord». Herrlich. Begleitet wird sie von DJ Grenzzaun a/k/a Markus Söder am Klangholz.

20 Uhr 40: Spielabbruch in Wolfsburg. Leider stellt sich heraus, dass der syrische Flüchtlingschor, den der VW-Konzern als Imagekorrektur zum Weihnachtsmarkt auf das Werksgelände eingeladen hatte, die angegebenen Dezibel-Höchstwerte weit überschreitet. Das Ordnungsamt reagiert, der Markt wird panisch abgebaut, der Flüchtlingschor nach Hause geschickt.

20 Uhr 52: Hamburg. Sylvie Meis macht sich warm. Sie posiert auf dem Jungfernstieg für das Feuilleton der Closer mit Zuckerwatte.
Zwar mag kaum einer so künstliches Zeug.
Aber Zuckerwatte finden viele gut.
Schnell verfängt sich ihr Haar in der Süßigkeit.
Das teuflische Zuckergespinst hat sie binnen weniger Sekunden eingesponnen. Als dann auch noch leichter Regen einsetzt, verklumpt diese Melange blitzartig zu einem klebrigen Mahnmal. Die beliebte Moderatorin stolpert blind über den Weihnachtsmarkt, reißt mehrere Stände mit Unterhosen, Filzhüten und Holzschmuck im Wert von weit über 23 Euro um, nur um schlussendlich in die

Binnenalster zu stürzen. THW und freiwillige Feuerwehr sind sofort zur Stelle, um Fotos zu schießen.

21 Uhr: Christkindlmarkt Nürnberg. Großchance vereitelt! Haben es die beiden IS-Terroristen doch tatsächlich geschafft, sich bis in den Sechzehnmeterraum um die Lebkuchenbude durchzutanken – nur um beim Zünden des Sprengstoffgürtels festzustellen: Das Ding wurde ihnen im Getümmel geklaut. Das Ding steht zu diesem Zeitpunkt bei eBay bereits bei 282 Euro 80.

21 Uhr 03: Berlin. Gendarmenmarkt. Verstimmt über den einen Euro Eintritt, organisiert Verstörungstheoretiker und Peter Alexander für Aluhüte Ken Jebsen einen spontanen Flashmob am Einlass des Festplatzes. Reichsbürger und die antizionistische Volksfront Hellersdorf erfahren, dass Weihnachtsmärke eine Erfindung der Bienenwachskerzenmafia sind. Die Rothschilds hängen wohl auch mit drin.

21 Uhr 15: Wunschergebnis in Hamburg! Nach dem rentenbedingten Ausstieg von IFO-Orakel Hans Werner Sinn holt sich ein *Focus-Money*-Redakteur wichtige Prognosen über den Wirtschaftsstandort Deutschland im Wahrsagerzelt auf dem Rathausmarkt. Die Weissagungen von Madame Pimpanella bilden eine gute Grundlage für das Sonderheft 2016.

21 Uhr 32: Auswechslung in Dortmund! Kevin Großkreutz muss verletzt vom Platz! Nach seinem Wechsel zurück in die Heimat wollte der Weltmeister von 2014 Freunden beweisen, dass er sehr wohl in der Lage ist, einen Meter Bratwurst am Stück zu verschlingen. Lediglich ein spontaner Luftröhrenschnitt mit dem der Backkartoffel beiliegenden Plastikmesser kann verhindern, dass das Gehirn zu lange von der Sauerstoffzufuhr abgeschnitten ist.

21 Uhr 44: Spektakuläres Eigentor in Köln! Das goldene Buch des Weihnachtsmanns, dem bereits mehrere Kinder auf den Schoß gesetzt wurden, stellt sich als Koran heraus. Bei dem rauschebärtigen Onkel handelt es sich nicht etwa um den Nikolaus, sondern das kölsche Salafisten-Original Pierre Vogel, der erst dadurch wegzukriegen ist, dass sich Ralph Morgenstern auf seinen Schoß setzt und ihm ins Ohr flüstert, was genau er sich zum Fest wünscht. Es heißt, Vogel habe sich danach zwei Stunden duschen und die Ohren mit Sagrotan ausspülen müssen.

22 Uhr 43: Kantersieg in Hamburg. Etwas überraschend annektiert der Donkosakenchor den Rathausmarkt und die angeschlossenen Buden auf der Mönckebergstraße.

23 Uhr: Abpfiff in Bochum! Die Mannschaft der Bochumer Stadtwerke verlässt zufrieden den Platz. Mehrere Zweikämpfe mit den Junggesellinnen konnten gewonnen werden. Am nächsten Tag werden einige Damen darüber klagen, dass es besser gewesen wäre, hätten die Männer vorm Petting den scharfen Senf von den Fingern gewischt. Ein klares 2:5 aus gynäkologischer Sicht.

Mitternacht: Schluss auch in Regensburg. Beim Schmettern ihrer Zugabe, dem Gassenhauer «Edmund Stoiber, du geile Sau!», stürzt Gloria von Thurn und Taxis kopfüber von der Empore und knallt hinein in das Fondue der Schlosskäserei – direkt vor die Sandalen der beiden IS-Fachkräfte, die noch einmal nach Regensburg zurückgekehrt sind, weil die überbackenen Champignons so gut sind. Sie helfen der Fürstin aus dem Topf. Man merkt schnell, wie ähnlich man tickt. Die beiden Männer schlafen in dieser Nacht mit ihr in einem Zimmer.

Markus Söder geht wieder einmal als koitaler Underperformer heim.

o Uhr 12: Leipzig. Die nach wie vor obdachlosen Frauke Petry und Markus Pretzell knacken den Stall des Ponyreithofs hinter der Hütte vom «Lumumba King», um zwischen Ochs und Esel zumindest für die Nacht ein Dach überm Kopf zu haben.

Die Mannschaft von Pegida hat sich da bereits betrunken in ein Flüchtlingsheim verlaufen und bestellt eine Handvoll Döner.

Die sie tatsächlich auch bekommen.

Ein Achtungserfolg.

Immerhin.

Driving Home für Castrop

Heiligabend habe ich, soweit ich weiß, eigentlich jedes Mal geheult.

Der dämliche Weihnachtsmann hatte oft vergessen, Batterien mitzuliefern, und so musste ich zumeist mit dem zweitliebsten Geschenk spielen.

Wenn über meine Nichten und Neffen der Präsentetsunami herniedergeht, wissen sie gar nicht, welches Teil sie zuerst wegspielen sollen. Sie sitzen mitten in einer Verpackungskrisenregion, als hätte man Dresden 45 aus Geschenkpapier und Kartons nachgebildet.

Zur Resensibilisierung müsste man ihnen eigentlich lediglich einen Ast schenken. Aber, nun ja: Es geht ja nix über leuchtende Großelternaugen, wenn sie den Kleinen eine Gabe überreichen.

Mein Gott, wie viele Playmobil-Kartons und ferngesteuerte Autos meine Kindheit jetzt schon her ist.

Weihnachten. Heimat. Ich sitze im Auto, fahre ganz bewusst die B 235 entlang, schaue hoch, ob am Kraftwerk wieder die Weihnachtsbeleuchtung brennt, im Grunde genommen nur ein Metallrahmen in Baumform, der pünktlich zur Adventszeit illuminiert wird, als mir auffällt:

Stimmt! Das Kraftwerk gibt es gar nicht mehr. Das ist schon seit Jahren weg.

Der Erin-Turm ist noch da. Für meine Heimatstadt ist dieses Relikt der Kohlenpott-Kultur so etwas wie der Kölner Dom.

Kultisch verehrt. Eine stählerne Eiche aus purer Kohlenpottidentität.

4620 Castrop-Rauxel.

Es grönemeyert im Kleinen.

Früher, wenn mein Vater mich irgendwo abgeholt hatte, fuhren wir durch die Stadt, er zeigte mir, wo die Zechen sind, und ließ mich die Kombinationen aus Namen und Zahlen aufsagen.

Victor 1/2, Victor 3/4, Zeche Ickern, Zeche Graf Schwerin usw.

Ein Vokabeltest als Brücke ins goldene, kohlenschwarze Zeitalter.

Jahrzehnte später hat er mich an Heiligabend von zu Hause zum Feiern abgeholt. Es waren weiße Weihnachten und die Scheibenwischer seines Wagens kaputt, sodass bei jeder Bremsung der Schnee vom Dach auf die Windschutzscheibe rutschte und wir während der dreißigminütigen Fahrt unzählige Male panisch anhielten, um mit den Händen wieder Sicht zu schaufeln.

Große Firmen zahlen für solche Teambuildingmaßnahmen viel Geld.

Ich hoffe, er hat mir mittlerweile verziehen, dass ich ihm als Kind JEDES Jahr eine Rondo-Veneziano-Platte geschenkt habe.

Das Fitnessstudio im Gewerbegebiet ist jetzt ein Saunaclub. Vor der einstweiligen Verfügung war das Logo des Ladens sogar echt pfiffig. Der Puff hatte sich in Sachen Name, Claim und Typographie etwas zu eng an eine große deutsche Fitnessstudiokette angelehnt.

«McFick – einfach gut ausleben». Und Sie fragen sich, wo ich meine Kreativität herhabe.

Dass der Bestattungsunternehmer am Biesenkamp allen Ernstes HELLFEIR heißt, ist wiederum eine Pointe, die das Leben schreibt.

Im Radio läuft Festtagsmusik. Gut so. Ich bade in akustischem Lumumba.

Ich mag die Musik. Und Weihnachten auch.

Was für ein unfassbar langsames Auto hat eigentlich Chris Rea.

Der ist doch schon vor Wochen losgefahren!

Der Range Rover dreht eine Extrarunde über den Altstadtring.

Warum, weiß ich selbst am wenigsten. Hier ist schon an normalen Tagen ab 18 Uhr nichts mehr los.

Vorher eigentlich auch.

Und heute erst recht nicht. Alle sind schon daheim. Vielleicht in der Kirche. Vielleichter noch in der Kneipe. Selbst deren Betreiber haben die letzten Krumen Dekorationsgeist zusammengekratzt und die vergilbten Scheiben der Pinte mit rot-grün blinkendem Elektroschrott geschmückt, den sich selbst Ein-Euro-Shops nicht mehr zu verkaufen trauen.

Trotzdem irgendwie schön. Es gibt nix zu sehen, aber das wenigstens ausgiebig.

Diese seltsame Sehnsucht nach der Heimat, nach dem glühweinwarmen Schoß Vergangenheit.

Da vorne ist die Ampel. Hier hat es mein Onkel Franz mal fertiggebracht, für das unerlaubte Überqueren einer roten Fußgängerampel 10 DM Strafe zahlen zu müssen.

Samstagnachts. Um halb eins.

«Halt, stopp!»

Der Schutzmann trat aus dem Dunkel des Spielwarengeschäftseingangs und konnte anhand des fassungslos zeternden Onkels noch seine Fangquote aufbessern.

Um vor ein Auto zu laufen, hätte Franz um die Uhrzeit übrigens locker 'ne halbe Stunde auf dem Ring stehen bleiben müssen.

Castrop-Rauxel wirkt nur auf den ersten Blick wie New York.

In Sichtweite des Tatortes hat mein Onkel uns immer die Geschenke gekauft.

Genau da, wo die ca. 122 Jahre alte Alt-Chefin des Ladens hinter uns Blagen hergeschlichen ist, um zu gucken, dass wir nix klauen.

Gibt es eigentlich noch diese nicht fern-, sondern kabelgesteuerten Autos?

Damit haben wir uns doch alle den Rücken kaputtgemacht.

Heute kriegen die Kinder Drohnen und hochtechnisierte Fluggeräte, nach denen sich selbst das Pentagon oder zumindest Kim Jong-un die speckigen Finger lecken würde.

Ob es an der Kirche neben dem Weihnachtsmarkt noch das Telefon gibt? Als Kind konnte man dort direkt den Weihnachtsmann anrufen und ihm aufgeregt von seinen Wünschen berichten.

Mit elf oder zwölf haben wir dann nur noch angerufen, um den armen Ehrenamtlichen am anderen Ende der Leitung zu verarschen oder zu beleidigen.

Stimmt es, dass es jetzt Adventskalender mit QR-Codes zum Abscannen gibt? Wie traurig, wenn es wahr wäre.

Wir hatten wenigstens noch welche mit Schokolade drin. Das war clever von den Konzernen, konnten sie doch ca. 200 Gramm Schokolade zum Preis von fünf 100-Gramm-Tafeln unter die Leute bringen. Später hatte meine Mama uns Adventskalender aus 24 Säckchen gebastelt.

Darin war mal Geld, aber auch «Nieten». Einmal Straßefegen, Staubsaugen oder ähnliche Folterpraktiken. Es versteht sich von selbst, dass mein Bruder und ich diese Gutscheine deutlich später eingelöst haben als die vorteilhaften.

Ich fahre vorbei, da wo früher das Spektrum war, die Disco, in die mein Cousin, ich und tausend andere mehr oder minder junge Leute sich zu einer Art Jahrensendkonvent verzogen haben, wenn das Familienprogramm durch war.

Wenn man Glück hatte, konnte man rummachen. Hatte man Pech, gab's was auf die Fresse.

Oder du standest zwei Stunden vor dem Laden im Regen in der Schlange, weil natürlich ALLE um 0 Uhr 30 kamen.

Irgendwann mal kamen mein Cousin Tömmes und ich nicht mehr rein, und so sind wir klatschnass zurück zu Omma und meinen Eltern.

In der Küche habe ich dann noch gesungen und so schlecht Gitarre gespielt, dass wir alle Tränen gelacht und uns meine schiefen Akkorde schön getrunken haben. War 'ne kurze, alkoholselige Nacht.

Gleich bin ich da. Da, wo Omma, Eltern, Bruder, Schwägerin, die Kinder gemeinsam seit Jahrzehnten feiern.

Was ich wohl bekomme?

Wie eifrig man früher die Lieblingsstücke in den Spielzeug-Katalogen angekreuzt hat, um dem Christkind ein wenig auf die Sprünge zu helfen.

Wie gut das war, im Schlafanzug die Seiten zu studieren und sich bereits in das leidenschaftliche Bespielen der Sachen hinein-zuträumen.

Was für eine geile Zeit, wenn die Prospekte ab Ende November den Zeitungen und Zeitschriften beilagen, während die Quengelwarendichte in den Werbeblöcken der wenigen TV-Sender parallel gnadenlos zunahm. Ab einem bestimmten Alter allerdings kehrt sich der Break-even ins Negative um:

Du investierst wesentlich mehr Geld in Geschenke für andere, während du selbst ... nun ja.

Fairerweise muss man sagen, dass ich ein großer Freund der unmittelbaren Bedürfnisbefriedigung bin und zum Fest hin nur noch wenig bleibt, was schenkbar wäre.

Letztes Jahr bekam ich: einen Uhrenbeweger.

Bin ich schon so ein Snob?

Jedenfalls ein untrügliches Zeichen, dass ich jetzt wohl alles, aber auch wirklich alles habe, was man sich für Geld kaufen kann.

Und das, was mir fehlt, werde ich auch nächstes Jahr wieder suchen. Irgendwo auf der Route zwischen Altstadtring – und dem Kraftwerk.

Das längst abgerissen ist.

Frohe Weihnachten.

Wem immer es möglich ist.

Heiligabend

Langsam fährt er links an mir vorbei, und ich wundere mich, was er überhaupt hier will.

Wer ruft den?

Noch nutzloser als dieser Schneeräumer fühlt sich heute Nacht nur noch der Edeka-Opa.

Der allerdings ist Schauspieler und privat ganz happy.

Wie viele es wohl gibt, die diese Zeit unerträglich finden.

Sich in Lichterketten gelegt fühlen.

Festtagsbeleuchtung? Alarmsignale!

Ich jogge die Övelgönne entlang und blicke in die schönen kleinen Häuser am Elbhang.

Katalogähnliche Inneneinrichtungen, gedeckte Tische, aufgebaute Notenständer.

Wie sehr sich einige auf diesen Abend gefreut haben müssen.

Wie sehr es einigen vor diesem Abend gegraust haben muss.

Unter jedem Dach ist auch ein Ach.

Eine Gnade, zu denen zu gehören, die die Weihnachtszeit wirklich mögen.

Zumindest den Teil, der nicht schon im Juli mit Dominosteinen beginnt.

Eher so ab November.

Das letzte Aufbäumen des Jahres, bevor nach Neujahr alles für zwei Monate im Schneematsch ersäuft.

Ich mag diesen ganzen Kitsch, ich kann sogar die Musik ertragen.

Vor allem, wenn sie von Joni Mitchell ist. Oder den alten Kram von Dean Martin.

Gut, den obligatorischen Kirchgang spar ich mir.

Was doppelt bescheuert ist, da ich tatsächlich immer noch 'ne Dauerkarte für den Verein habe.

Bequemlichkeit. Oder doch dieses Gefühl, irgendwann da oben abgewiesen zu werden mit dem Hinweis darauf, im Sommer 2017 die Zahlung eingestellt zu haben.

Keine Ahnung. Aber, dass Kirche und Christen mit Nächstenliebe nicht zwingend verbunden sind, haben wir in diesem Jahr alle gelernt.

Außerdem: Omma Lore geht auch nicht. Und die ist mit 90 Zielgruppe.

Hat aber zu viel zu tun. Waschen. Putzen. Kochen.

Vor allem, da die ganze Verwandtschaft anrückt.

Und ich?

Gucke lieber das «Extras»-Christmas Special von Ricky Gervais.

Immer wieder gut.

Der Mensch braucht Rituale.

Und sei es nur das legendär beschissene Einpacken.

Meine Päckchen sehen aus, als hätte ein Schimpanse mit Down-Syndrom versucht, das Pentagon nachzubauen.

Ich könnte den Heiligen Gral verschenken.

So, wie ich ihn verpacken würde – niemand hätte mehr Freude daran.

Zum Glück interessiert meine Tochter eh nur das Papier.

Wahrscheinlich das einzige Weihnachten, an dem man mit so wenig Einsatz so viel Effekt erzielen kann.

Für ein fünf Monate altes Kind ist Weihnachten einfach: Knisterpapier her und rein in den Mund.

Im nächsten Jahr ist sie schon ca. 536 Spielsachen älter.

War das eigentlich immer schon so irre? Haben wir früher auch so viel bekommen?

Gefühlt gab es doch immer nur das eine große Teil.

Das Playmobil-Piratenschiff. Die Lego-Burg. Irgendein Elektro-Teil, bei dem garantiert irgendwas nicht funktionierte oder die Batterien fehlten.

Die sich an dem Abend natürlich auch nicht mehr auftreiben ließen.

Guck ich mir meine Nichten, Neffen oder die Kinder meiner Freunde an, denke ich oft, dass so manche Toys-R-Us-Filiale kümmerlich schlechtbestückt dagegen wirkt.

Overkill. German Toy Horror Story.

Ich habe rosa Puppen-Traumhäuser gesehen, da hingen so viele Barbies drin rum – das Ding sah aus wie ein Puff. Oder die Lobby vom Interconti in Düsseldorf.

Was aufs Gleiche hinausläuft.

Leuchtende Kinderaugen?

My Ass.

So manches Geschenk wurde von meinen kleinen Verwandten förmlich wegbeamtet.

Aufreißen, gucken, oh schön, weg.

Aufreißen, gucken, oh schön, weg.

Aufreißen, gucken, oh schön, weg.

Etwas betrüblich zu sehen, dass ein fünfjähriges Kind mit dem Betrachten des frischgeschenkten Spielzeugs fast schneller durch ist als der Gleichaltrige, der es ein paar tausend Kilometer weiter gefertigt hat.

Kann man sich nicht mit allen darauf einigen, dem Kind nur EIN Teil zu schenken?

Eher kann man den Nahost-Konflikt lösen, ich weiß.

Wir waren damals wahrscheinlich genauso, und: Bei meiner Tochter wird es nicht anders laufen. In ein paar Jahren.

Jetzt hat sie erst einmal das große Glück, bei ihrer Urgroßoma auf dem Schoß zu sitzen.

Wie schön, dass die beiden sich nicht verpasst haben.

Heiligabend zusammen unter einem Dach. Vier Generationen.

Omma. Eltern. Mein Bruder, seine Frau, die Kinder, wir.

Später kommen noch Onkels und Tanten dazu.

Mein Cousin Christian und sein Verlobter.

Mein Cousin Tömmes. Wir werden uns wohl betrinken. Und Tränen lachen.

Am Ende überredet er Omma wieder zu ein paar Ramazzotti.

Wie die Waltons. Mit einem guten Schuss Simpsons.

Omma Lore meint, ich trüge die Kleine «wie 'n Sack Sülze». Wie genau das gemeint ist, ist ihr Geheimnis. Sie und Pippa haben sich gleich hervorragend verstanden. Schon als sie im Krankenhaus das mobile Bettchen der Neugeborenen als Rollator missbraucht und über die Flure geschoben hatte.

Jetzt ist sie bei ihr auf dem Arm und ist bester Laune.

Noch. Kann sich schnell ändern. Die kleine Diva.

Mein Freund Oli meint, meine Tochter sähe aus wie Omma.

Und ja, diese Bäckchen, diese weiche Haut, dieses Grundfröhliche im Blick – das kommt hin.

Alte Leute haben das große Pech, später genauso pflegebedürftig zu sein wie Babys – nur ohne so süß zu sein.

Omma Lore hat Glück gehabt. Sie ist wirklich sehr süß. Und gar nicht pflegebedürftig.

Im Gegenteil. Die macht uns noch alle frisch. Ich hoffe, es bleibt ewig so.

Hau mir bloß ab mit Realitäten.

Unglaublich, dass diese beiden Menschen, die sich gerade einen Sessel teilen, fast ein komplettes Jahrhundert trennt.

Familie – was für eine Gnade.

Schade, dass Onkel Franz nicht mehr dabei ist. Super Typ.

Viel zu früh gestorben. Der klassische komische Onkel mit dem Herz aus Gold.

Sah so ein bisschen aus wie Martin Bangemann mit dieser Matula-ähnlichen Ermittlerlederjacke.

Hat uns Kindern immer über die Haare gestrichen und Grunz-geräusche gemacht.

Dafür gab es jedes Jahr eines von diesen kabelgesteuerten Autos, hinter den man herrennen musste. Na ja.

Später gab es Geld. Schon besser.

War ein zuverlässiger Top-Schenker. Bis zum Schluss.

In den letzten Jahren hat er diabetesbedingt so schlecht gesehen, dass er mit dem Kopf fast im Kartoffelsalat hing, um zu gucken, was in der Schale ist.

Himmel, wie er sich damals über den leeren Maxi-Cosi gebeugt

hat und Dutzi-Dutzi zu der Kinderjeans gemacht hat, obwohl Fiete längst oben in seinem Bettchen lag und schlief.

Diese Geschichte, wie diese eine kleine dickliche Nichte tatsächlich zum Blockflöten-Konzert ansetzte und so schief spielte, dass meine Mutter mit dem Braten in der Küche bleiben musste, damit keiner ihren Lachanfall mitbekam.

Während ich mich die ganze Zeit gefragt habe, ob man sich mit Marzipankartoffeln die Ohren hermetisch abriegeln kann.

Seit meine Mutter die iPod-Docking-Station gekriegt hat, streiten mein Bruder ich jedes Jahr über die Soundtrackhoheit des Abends.

Mein Vater kriegt wieder Cognac. VSOP-Qualität. Ob er das herausschmeckt?

Um ehrlich zu sein, ist das ein bisschen so, als würde man Lang Lang für die Bar vom Ibis Ludwigshafen buchen, aber verdient hat er es allemal.

Man hat auch ein besseres Gefühl beim Schenken.

Omma hat bereits neuen Teppich fürs Schlafzimmer bekommen.

War ihr Wunsch.

Wir haben zusammengelegt.

Ich liebe diese Einstellung. Genau wie sie muss man es machen.

Genau so.

Mir ist es lieber, wenn jemand sich mit 112 noch ein flammneues Auto kauft, als mit 70 zu sagen: Ein neues Sofa lohnt nicht mehr.

Wie schön ist es, hier zu sein.

Und ich denke an die, die Weihnachten nicht hier sind.

An die, die Heiligabend das erste Mal auf einen geliebten Menschen verzichten müssen.

An die, die krank sind und sich gerade noch zu ihren Eltern schleppen konnten.

An die, die sonst auf dicke Hose machen und jetzt ganz weich werden.

Die Weihnachten feiern, obwohl sie nicht mal Christen sind, es aber irgendwie so eine Art Familienfest ist.

Chabos wissen, wer der Baba ist.
Schenkt, so viel ihr wollt, fresst, trinkt.
Und genießt es. Genießt einander.
Vergesst den Ärger.
Das ist es nicht wert.
Es ist ein großes Glück, dass ihr euch habt.
Und so ein scheißflüchtiges …

Das ist doch das Letzte

Hüten Sie sich davor zu sterben!

Es lohnt sich nicht.

Sicher, am Anfang kriegt man natürlich mächtig Aufmerksamkeit.

Dafür kommt hintenraus so wenig.

Zumindest nach meinem Verständnis.

Verscheiden ist auch deshalb so unschön, weil einem völlig die Deutungshoheit über die eigene Vita verlustig geht.

Es geschieht in der Regel doch recht selten, dass man bei der Trauerfeier als «großer Europäer» geehrt wird, nur weil man öfter mal zum Campen in Holland war.

Viel eher wird großer Mist erzählt. Das beginnt schon an dem Punkt, wo den Trauernden das Geflenne ausgeredet werden soll, weil «das hätte er bestimmt nicht gewollt».

Na, und ob ich das gewollt hätte!

Los, heult! Seid fertig! Ich bin wie der Echo! Mich gibt es nie wieder!

(Okay, ich bin schon besser als der Echo.)

Oft ist man noch nicht einmal richtig abgekühlt, da beginnt dieses Rudel von Emozentrikern, die Erinnerung an einen selbst schamlos umzudeuten.

Plötzlich läuft dann auf der Beerdigung irgendwas von Céline Dion, und neben dem Sarg aufgebahrt steht ein Foto, das man zu Lebzeiten nicht einmal auf dem Videothekenausweis zugelassen hätte. Aber dazu gleich mehr.

Dem Vater eines Freundes wurde die Ehre zuteil, post mortem eine Straße in Papenburg nach sich benannt zu wissen.

Der Mann wurde als Jude von den Nazis damals von dort deportiert, kam nach sieben Jahren Konzentrationslager wieder zurück (!) in ebendiese Stadt, um genau denen in seinem Geschäft Kleidung zu verkaufen, die seinen Abtransport ... zumindest nicht verhindert hatten.

Das war ihnen einen Festakt wert. Natürlich inklusive Klezmermusik.

Die hat der Verblichene zwar nie gemocht, aber wenn es darum geht, den Ehrenbürger nach seinem Ableben zu ehren, dann hat der sich gefälligst zu fügen und so zu sein, wie die tief bewegten Trauerteutonen sich das vorstellen.

«Der Mann war Jude! Ja, sollen wir da jetzt ‹Aber bitte mit Sahne› spielen, oder was?!»

Noch unfairer als der Tod ist eigentlich nur die Verwaltung dessen.

Seien Sie bloß vorsichtig, welche Fotos Sie von sich zulassen oder gar selber hochladen.

Wie schnell ist man vor einen Bus gelaufen und darf sich dann, oben an der Himmelspforte angekommen, verspotten lassen, weil im Lokalteil der Zeitung ein Bild des Todesopfers zu sehen ist mit Anglerhut einer Schnapsfirma und zwanzig Sangriastrohhalmen in der Nase.

Das will man doch nicht. Merke: Je spektakulärer das Ableben, desto wahrscheinlicher ist es, mit so einem Bild sogar auf die Titelseite einer überregionalen Revolverpostille zu kommen.

Und nicht jede Hürde ist es wert, genommen zu werden:

«Sombrero-Kalle (Archivfoto) stirbt bei Rekordversuch mit Senfeiern.»

Oh, und bitte: Werden Sie sich Ihrer Schwachstellen bewusst. Lassen Sie sich nie in verfänglichen oder unglücklich zu deutenden Posen ablichten.

Man wird nach Ihrem Dahinscheiden nie mehr unbefangen auf bestimmte Fotos blicken können.

Prominentes Beispiel: Als der beliebte Schlagerbarde Bernd Clüver vor ein paar Jahren etwas unglücklich auf Mallorca einem tödlichen Treppensturz zum Opfer fiel, ließ die *Bild* es sich nicht nehmen, danach in der Sonntagsausgabe sein privates Fotoalbum zu plündern.

Dort war er unter anderem in seiner Finca zu sehen. Stolz an seiner eigenen Zapfanlage.

Sie ahnen, dass dem ganz ähnlich verunfallten Gunter Gabriel kaum vorteilhaftere Fotos beschieden waren. Ja, man kriegt keine zweite Chance auf einen letzten Eindruck.

Wir wären ja alle lieber James Dean als, sagen wir mal, Uwe Barschel.

Deshalb, falls ich wider konkrete Planung ein Zimmer im Hotel Wolke buchen sollte, merken Sie sich einfach Folgendes: Nein, es war keine Absicht.

Zitiert bitte nix aus dem kleinen Prinzen – und nehmt das Foto vom Buchcover!

Da sehe ich nicht so ungesund aus.

An dieser Stelle möchte ich mich bedanken.

Bei Ihnen, dass Sie die Nerven hatten, dieses Buch durchzustehen.

Bei meinen Freunden, meiner Familie und vor allem bei meiner Nikki, die diesen ganzen Wahnsinn fordert und fördert und ohne die bei meiner Gedankenkirmes permanent der Strom ausfallen würde.

Außerdem bei all denen, die mir im Laufe der Jahre durch ihr absonderliches, inkompetentes und, ja, widerliches Verhalten reichlich Inspiration für emotionsgeladene Zeilen geliefert haben.

Was wäre ich ohne euch.

Bleibt, wie ihr seid.

Aber da habt ihr vermutlich eh keine Wahl.

Die Welt ist ein Irrenhaus.

Aber ich hab's mir ganz schön möbliert.

SELBST BILDNIS II